De Hemel

II

"En de twaalf poorten,
waren twaalf paarlen:
iedere poort afzonderlijk was uit één parel,
en de straat der stad was zuiver goud,
gelijk doorschijnend glas."
(Openbaring 21:21)

De Hemel
II
Gevuld met Gods Glorie

Dr. Jaerock Lee

De Hemel II door Dr. Jaerock Lee
Gepubliceerd door Urim Books (Vertegenwoordiger: Kyungtae Noh)
73, Yeouidaebang-ro 22-gil, Dongjak-gu, Seoul, Korea
www.urimbooks.com

Alle rechten voorbehouden. Dit boek of delen van dit boek mogen in geen enkele vorm gekopieerd worden, in een terughaal systeem opgeslagen worden, of geleid worden in enige vorm of met enige betekenis, elektronisch, mechanisch, gekopieerd, opgenomen worden of iets dergelijks, zonder de toegestane schriftelijke goedkeuring van de uitgever.

Tenzij anders vermeld zijn alle Schriftgedeeltes genomen van de Heilige Bijbel, NBG vertaling 1951, ®, Copyright © 1960, 1962, 1963, 1968, 1971, 1972, 1973, 1975, 1977, 1995 door de Lockman Foundation. Gebruikt met toestemming.

Copyright © 2017 door Dr. Jaerock Lee
ISBN: 979-11-263-0265-9 04230
ISBN: 979-11-263-0029-7 (set)
Vertaling Copyright © 2009 door Dr. Esther K. Chung Gebruikt met toestemming.

Voorheen gepubliceerd in het Koreaans door Urim Books in 2002

Eerst uitgave april 2017

Bewerkt door Dr. Geumsun Vin
Ontworpen door de uitgeverij van Urim Books
Gedrukt door Prione Printing
Voor meer informatie, neem contact op met: urimbook@hotmail.com

Inleiding

Ik bid dat je Gods echte kind mag worden, en echte liefde mag delen in eeuwige gelukzaligheid, en mag genieten in het Nieuwe Jeruzalem, waar het overstroomt van de liefde van God...

Ik geef alle dank en glorie aan Vader God, die mij duidelijk het leven in de hemel heeft geopenbaard, en ons gezegend heeft om *De Hemel I: Zo Helder en Mooi als Kristal,* uit te geven, en nu *De Hemel II: Gevuld met Gods Glorie.*

Ik heb er naar verlangt om alles tot in detail te weten over de hemel, en bleef bidden en vasten. Na zeven jaar, heeft God uiteindelijk mijn gebeden beantwoordt, en vandaag de dag, openbaart Hij diepere geheimen over de geestelijke wereld.

In het eerste deel van de tweedelige serie over de Hemel, heb ik in het kort de verschillende verblijfplaatsen geïntroduceerd in de hemel, hen ondergebracht in het Paradijs, het Eerste Koninkrijk, het Tweede Koninkrijk, het Derde Koninkrijk en het Nieuwe Jeruzalem. Het tweede zal in groter detail uitleggen de mooiste en meest glorieuze verblijfplaats in de hemel, het Nieuwe Jeruzalem.

De liefde van God toonde het Nieuwe Jeruzalem aan de Apostel Johannes en stond hem toe om het op te schrijven in de Bijbel. Vandaag, terwijl de tweede komst van Jezus zo dichtbij is, stort God Zijn Heilige Geest uit op talloze mensen en openbaart hen de grootste details van de hemel. Dat is omdat de ongelovigen van over de gehele wereld, tot geloof zouden komen in een leven na de dood, welke bestaat uit de hemel of de hel, en dat al degene die hun geloof in Christus belijden een overwinnend leven zouden leven in Hem en deel zouden nemen in het verspreiden van het evangelie over de gehele wereld.

Dat is de reden waarom de Apostel Paulus, die de verspreiding van het evangelie aan de heidenen onder zijn hoedde had, zijn geestelijke zoon Timoteüs aanmoedigde, zeggende, *"Blijft gij echter nuchter onder alles, aanvaard het lijden, en doe het werk van een evangelist, verricht uw dienst ten volle"* (2 Timoteüs 4:5).

God openbaarde mij duidelijk de hemel en de hel, zodat ik de beschrijving der eeuwen die komende zijn zou verspreiden, over de vier hoeken van de aarde. God wil dat alle mensen redding ontvangen; Hij wil niet dat er maar een ziel in de hel valt. Bovendien, wil God dat er zoveel mogelijk mensen, eeuwig het Nieuwe Jeruzalem binnen gaan en er verblijven.

Dus niemand hoort deze God-gegeven boodschap te oordelen of veroordelen, die geopenbaard zijn door de inspiratie van de Heilige Geest.

In *De Hemel II* zal je veel geheimen vinden betreffende de hemel, zoals de verschijning van God, die al bestond voor het begin der tijden, de troon van God, en dergelijke. Ik geloof dat zulke details en beschrijvingen al die mensen, die ernstig verlangen naar de hemel, met een ontzagwekkende mate van gelukzaligheid en vreugde zal voorzien.

De stad van het Nieuwe Jeruzalem, die gebouwd is door de onmetelijke en verbazingwekkende kracht van God, is gevuld met Zijn glorie. In het Nieuwe Jeruzalem zijn de geestelijke hoogtepunten, waarin God Zichzelf gevormd heeft, in de Drie-eenheid, om zo de menselijke ontwikkeling uit te dragen, en de echte troon van God. Kan jij je voorstellen hoe prachtig, mooi, en stralend die gehele plaats zal zijn? Het is zo'n fantastische en heilige plaats, welke onmogelijk menselijke wijsheid kan bevatten!

Daarom moet je beseffen, dat het Nieuwe Jeruzalem niet aan iedereen die redding ontvangt, gegeven wordt als beloning. In plaats daarvan, wordt het alleen gegeven aan Gods kinderen, wiens harten, na zich ontwikkeld te hebben in deze wereld, gedurende een lange tijd, zo zuiver en helder als kristal geworden zijn.

Ik wil bijzondere dank geven aan Geumsun Vin, Directeur van het Bewerkkantoor en haar staf, en het vertaalkantoor voor deze uitgave.

Ik zegen je in de naam van de Here, dat een ieder die dit boek leest, een echt kind van God mag worden en echte liefde mag delen in eeuwige gelukzaligheid en vreugde, in het Nieuwe Jeruzalem, welke gevuld is met Gods glorie!

Jaerock Lee

 Voorwoord

Ik hoop dat je gezegend mag worden, terwijl je de meest heldere details over het Nieuwe Jeruzalem ontdekt, en zo dicht mogelijk zal verblijven bij de troon van God in de Hemel, voor eeuwig...

Ik geef alle dank en glorie aan God, die ons gezegend heeft, om *De Hemel I: Zo Helder en Mooi als Kristal* uit te geven en nu het vervolg ervan, *De Hemel II: Gevuld met Gods Glorie*.

Dit boek bestaat uit negen hoofdstukken, welke allemaal voorzien in een duidelijke beschrijving van de meest heilige en mooiste verblijfplaats in de hemel, het Nieuwe Jeruzalem, over haar grootte, pracht en leven daarin.

Hoofdstuk 1, "Het Nieuwe Jeruzalem: Gevuld met Gods glorie," voorziet in een overzicht van het Nieuwe Jeruzalem en verklaart zulke geheimen, zoals de troon van God, en het hoogtepunt van de geestelijke wereld, waar God Zichzelf vormde in de Drie-eenheid.

Hoofdstuk 2, "De namen van de twaalf stammen en de twaalf apostelen," verklaart de buiten-verschijning van de stad van het Nieuwe Jeruzalem. Het is omringt met grote en enorme muren, en de namen van de Twaalf Stammen van Israël zijn gegraveerd in de twaalf poorten aan alle vier de zijden van de Stad. Op de Twaalf fundamenten van de Stad zijn de namen van de Twaalf Apostelen, en de reden en betekenis van elke gravering zal verduidelijkt worden.

In hoofdstuk 3, "De grootte van het Nieuwe Jeruzalem," zal je de verschijning en de dimensie van het Nieuwe Jeruzalem ontdekken. Dit hoofdstuk legt uit waarom God het Nieuwe Jeruzalem met gouden meetstok meet en om het Nieuwe Jeruzalem binnen te gaan en in deze stad te verblijven, moet iemand alle nodige geestelijke kwalificaties bezitten, welke gemeten worden met de gouden meetstok.

Hoofdstuk 4, "Gemaakt van zuiver goud en edelstenen van allerlei kleuren," legt tot in detail uit elk materiaal waarmee de Stad van het Nieuwe Jeruzalem gebouwd is. De gehele stad is gedecoreerd met zuiver goud en andere kostbare edelstenen, en het hoofdstuk beschrijft ook de schoonheid van hun kleuren, glans en lichten. Bovendien, door uit te leggen waarom God de muren van de Stad versierd met diamant en het gehele Nieuwe

Voorwoord

Jeruzalem met zuiver goud, dat zo helder is als glas, bespreekt dit hoofdstuk ook de belangrijkheid van geestelijk geloof.

In Hoofdstuk 5, "De betekenis van de twaalf fundamenten," zal je leren over de muren van het Nieuwe Jeruzalem, die gebouwd zijn op de twaalf fundamenten, en de schoonheid en geestelijke betekenis van diamant, saffier, lazuursteen, smaragd, sardonyx, sardius, chrysoliet, beril, topaas, chrysopraas, robijn, en amethist. Wanneer je de geestelijk betekenis van elke edelsteen optelt, zal je het hart van Jezus Christus en het hart van God opmerken. Het hoofdstuk bemoedigd je om het hart te bereiken die gesymboliseerd wordt door de twaalf edelstenen, zodat je mag binnen gaan en voor eeuwig mag verblijven in de Stad van het Nieuwe Jeruzalem.

Hoofdstuk 6, "De twaalf parelen poorten en de gouden straat," legt de redenen uit en de geestelijke betekenis waarom God de twaalf parelen poorten maakte, alsook de geestelijke betekenis van de gouden straat, die zo helder is als glas. Net zoals een schelp een kostbare parel produceert, nadat het grote pijn heeft doorstaan, bemoedigd dit hoofdstuk je om te lopen naar de Twaalf parelen poorten van het Nieuwe Jeruzalem, door allerlei moeilijkheden en beproevingen te overwinnen in geloof en met hoop.

Hoofdstuk 7, "Het allerliefste tafereel," neemt je mee binnen de muren van het Nieuwe Jeruzalem, welke altijd stralend verlicht is. Je zal de geestelijke betekenis leren van de zin, "God en het Lam zijn in de tempel," de grootte en schoonheid van het kasteel waar de Here woont, en de glorie van de mensen die het Nieuwe Jeruzalem zullen binnengaan, om de eeuwigheid met de Here door te brengen.

Hoofdstuk 8, "Ik zag de Heilige stad, het Nieuwe Jeruzalem," dat jou de huizen van ieder individu introduceert. Velen die een getrouw en geheiligd leven hebben geleid op aarde, zullen grote beloningen ontvangen in de hemel. Je zal in staat zijn om even iets te zien van de gelukkige dagen die voor je liggen in het Nieuwe Jeruzalem, door te lezen over de verschillende maten en pracht van de hemelse huizen en de vele soorten faciliteiten, en bovenal het leven in de hemel.

Het negende en laatste hoofdstuk, "Het eerste feestmaal in het Nieuwe Jeruzalem," neemt je mee naar een tafereel van het eerste feestmaal welke gehouden zal worden in het Nieuwe Jeruzalem, na het Oordeel van de Grote Witte troon. Met de introductie van enkele voorvaders van het geloof, die dicht bij Gods troon verblijven, beëindigd de *Hemel II* met het zegenen van iedere lezer, om een hart te krijgen zo zuiver en helder als kristal zodat hij/zij in staat mag zijn om dichter bij de Troon van God te verblijven in het Nieuwe Jeruzalem.

Te meer je leert over de hemel, des te wonderlijker wordt het. Het Nieuwe Jeruzalem, welke beschouwd kan worden als de "kern" van de hemel, is de plaats waar Gods troon is. Als je de schoonheid en glorie kent van het Nieuwe Jeruzalem, zal je zeker en ernstig hopen naar de hemel te gaan, en helder van denken zijn over je leven in Christus.

Terwijl de tijd van Jezus wederkomst, voordat Hij de verblijfplaatsen in de hemel heeft klaargemaakt voor ons, zeer nabij is, hoop ik met *Hemel II: Gevuld met Gods Glorie,* dat je ook voorbereid zal zijn voor het eeuwige leven.

Ik bid in de naam van de Here Jezus Christus, dat je in staat zal zijn om dicht bij Gods te troon te verblijven door jezelf te heiligen, met de ijverige hoop om te leven in het Nieuwe Jeruzalem en getrouw zal zijn in al je door God-gegeven plichten.

Geumsun Vin,
Directeur van het Bewerkkantoor

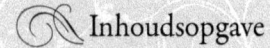
Inhoudsopgave

Inleiding

Voorwoord

Hoofdstuk 1 **Het Nieuwe Jeruzalem: Gevuld met Gods glorie • 1**
    1. In het Nieuwe Jeruzalem is Gods troon
    2. De oorspronkelijke troon van God
    3. De bruid van het Lam
    4. Stralend als heldere edelstenen en helder als kristal

Hoofdstuk 2 **De namen van de twaalf stammen en de twaalf apostelen • 17**
    1. Twaalf engelen bewaken de poorten
    2. De namen van de twaalf stammen van Israël geschreven op de twaalf poorten
    3. De namen van de twaalf discipelen geschreven op de twaalf fundamenten

Hoofdstuk 3 **De grootte van het Nieuwe Jeruzalem • 39**
    1. Gemeten met een gouden meetstok
    2. Een kubusvormig Nieuw Jeruzalem

Hoofdstuk 4 **Gemaakt van zuiver goud en edelstenen van allerlei kleuren • 49**
    1. Versierd met zuiver goud en allerlei soorten edelstenen
    2. De muren van het Nieuwe Jeruzalem zijn gemaakt van diamant
    3. Gemaakt van zuiver goud zo helder als glas

Hoofdstuk 5 **De betekenis van de twaalf fundamenten • 61**

    1. Diamant: Geestelijk geloof
    2. Saffier: Oprechtheid en integriteit
    3. Sardius: Onschuld en opofferende liefde
    4. Smaragd: Gerechtigheid en reinheid
    5. Sardonyx: Geestelijke getrouwheid
    6. Robijn: Gepassioneerde liefde
    7. Chrysoliet: Genade
    8. Beril: Geduld
    9. Topaas: Geestelijke goedheid
    10. Chrysopraas: Zelfbeheersing
    11. Lazuursteen: Reinheid en heiligheid
    12. Amethist: Schoonheid en zachtmoedigheid

Hoofdstuk 6 **De twaalf parelen poorten en de gouden straat • 113**

    1. De twaalf parelen poorten
    2. Straten gemaakt van zuiver goud

Hoofdstuk 7 **Het allerliefste tafereel • 131**

    1. Geen nood voor zonlicht of maanlicht
    2. De opname van het Nieuwe Jeruzalem
    3. Voor eeuwig met de Here, onze bruidegom
    4. De glorie van de bewoners van het Nieuwe Jeruzalem

Hoofdstuk 8 **"Ik zag de Heilige stad, het Nieuwe Jeruzalem" • 159**

    1. Hemelse huizen van onvoorstelbare grote
    2. Een prachtig kasteel met volledige privacy
    3. Bezichtiging van hemelse plaatsen

Hoofdstuk 9 **Het eerste feestmaal in het Nieuwe Jeruzalem • 193**

    1. Het eerste bruiloftsmaal in het Nieuwe Jeruzalem
    2. Profeten op de eerste rij in de hemel
    3. Mooie vrouwen in de ogen van God
    4. Maria Magdalena, verblijft dicht bij Gods troon

Hoofdstuk 1

Het Nieuwe Jeruzalem: Gevuld met Gods glorie

1. In het Nieuwe Jeruzalem is Gods troon
2. De oorspronkelijke troon van God
3. De bruid van het Lam
4. Stralend als heldere edelstenen en helder als kristal

*En Hij voerde mij weg in de Geest
op een grote en hoge berg,
en toonde mij de Heilige Stad, Jeruzalem,
nederdalende uit de hemel, van God;
en zij had de heerlijkheid Gods,
en haar glans geleek op een zeer kostbaar
gesteente
als de kristalheldere diamant.*
- Openbaring 21:10-11 -

De hemel is een rijk in de vierdimensionale wereld, welke geregeerd wordt door de God van liefde en gerechtigheid zelf. En ook al is het niet zichtbaar met het blote oog, de hemel bestaat echt. Hoeveel geluk, vreugde, dankbaarheid, en glorie zal overstromen in de hemel, daar het het beste geschenk is wat God heeft voorbereid voor Zijn kinderen, die redding hebben ontvangen?

En toch zijn er verschillende verblijfplaatsen binnen de hemel. Daar is het Nieuwe Jeruzalem, waarin Gods troon is, en daar is ook het Paradijs waar de mensen, die ternauwernood gered zijn voor eeuwig moeten verblijven. Net zoals het leven in een hut en leven in het kasteel van een koning heel verschillend is, is er veel verschil in glorie tussen het binnen gaan van het Paradijs en het binnen gaan van het Nieuwe Jeruzalem.

Niettemin, beschouwen sommige gelovigen de "hemel" en het "Nieuwe Jeruzalem" als hetzelfde, en sommige weten niet eens dat er een Nieuw Jeruzalem is. Hoe droevig is dat! Het is niet gemakkelijk om de hemel te bezitten, ook al weet je ervan. Hoe kan iemand vooruit gaan naar het Nieuwe Jeruzalem zonder erover te weten?

Daarom, openbaarde God het Nieuwe Jeruzalem aan de Apostel Johannes, en liet hem tot in detail alles opschrijven in de Bijbel. Openbaring 21 legt het Nieuwe Jeruzalem tot in detail uit, en Johannes was bewogen, enkel door te kijken naar de buitenkant ervan.

Hij beleed in Openbaring 21:10-11, *"En Hij voerde mij weg in de Geest op een grote en hoge berg, en toonde mij de*

Heilige Stad, Jeruzalem, nederdalende uit de hemel, van God; en zij had de heerlijkheid Gods, en haar glans geleek op een zeer kostbaar gesteente als de kristalheldere diamant."
Waarom dan is het Nieuwe Jeruzalem gevuld met Gods glorie?

1. In het Nieuwe Jeruzalem is Gods troon

In het Nieuwe Jeruzalem is de troon van God. Hoe vol van Gods glorie zal het Nieuwe Jeruzalem dan zijn, daar God Zelf erin verblijft?

Dat is de reden waarom je kan zien dat mensen glorie, dank en eer geven aan God dag en nacht in Openbaring 4:8 *"En de vier dieren hadden elk voor zich zes vleugels, en waren rondom en van binnen vol ogen, en zij hadden dag noch nacht rust, zeggende: Heilig, heilig, heilig is de Here, de Almachtige, die was en die is en die komt."*

Het Nieuwe Jeruzalem wordt ook de "Heilige Stad" genoemd, omdat het opnieuw gemaakt is door het Woord van God, die getrouw, onberispelijk, en het licht Zelf is, zonder dat er enige duisternis in Hem gevonden wordt.

Jeruzalem is de plaats waar Jezus, die in het vlees kwam, om de weg van redding te openen voor de gehele mensheid, het evangelie preekte en de wet met liefde vervulde. Daarom, bouwt God het Nieuwe Jeruzalem om te verblijven, voor alle gelovigen, die de wet met liefde hebben vervuld.

Gods troon in het centrum van het Nieuwe Jeruzalem

Waar dan in het Nieuwe Jeruzalem is Gods troon? Het antwoord is aan ons geopenbaard in Openbaring 22:3-4:

> *En niets vervloekt zal er meer zijn. En de troon van God en van het Lam zal daarin zijn en zijn dienstknechten zullen Hem vereren en Zijn aangezicht zien en zijn naam zal op hun voorhoofden zijn.*

De troon van God is gelegen in het centrum van het Nieuwe Jeruzalem, en alleen degene die Gods woord gehoorzamen als een gehoorzame dienstknechten, kunnen daar binnen gaan en het aangezicht van God zien.

Dat komt omdat God ons verteld heeft in Hebreeën 12:14, *"Jaagt naar vrede met allen en de heiliging, zonder welke niemand God kan zien,"* en in Matteüs 5:8, *"Zalig de reinen van hart, want zij zullen God zien."* Daarom zou je moeten beseffen dat niet iedereen het Nieuwe Jeruzalem binnen kan gaan, waar de troon van God gelegen is, net zoals niet iedereen de kamer of gebouw kan binnen gaan waar een president of koning verblijft en hem kan zien van aangezicht tot aangezicht, zelfs in deze wereld.

Waar lijkt de troon van God op? Sommigen denken dat het enkel lijkt op een grote stoel, maar dat is niet zo. Eenvoudig, staat het voor de stoel waarop God zit, maar uitgebreid verwijst het naar de verblijfplaats van God.

Dus, "Gods troon" verwijst naar de verblijfplaats van God, en rondom Zijn troon, in het centrum van het Nieuwe Jeruzalem, zijn regenbogen en de tronen van de vierentwintig oudsten.

De regenbogen en de tronen van de 24 oudsten

Je kan de schoonheid, pracht, en grootte van de troon van God voelen in Openbaring 4:3-6:

En die erop gezeten was, was van aanzien, de diamant en sardius gelijk; en een regenboog was rondom de troon, van aanzien de smaragd gelijk. En rondom de troon waren vierentwintig tronen, en op die tronen waren vierentwintig oudsten gezeten, in witte klederen gekleed en met gouden kronen op hun hoofden. En van de troon gingen bliksemstralen, stemmen en donderslagen uit; en zeven vurige fakkels brandden voor de troon; dit zijn de zeven Geesten Gods. En voor de troon was een glazen zee, kristal gelijk. En midden in de troon en rondom de troon waren vier dieren, vol ogen van voren en van achteren.

Vele engelen en hemelse menigten dienen God. Er zijn ook vele andere geestelijke schepsels zoals cherubijnen en de vier levende dieren die Hem beschermen.

Ook de glazen zee is uitgespreid voor de troon van God. Het zicht ervan is zo mooi, met vele soorten van licht die de troon van God omringen en die weerspiegelen op de glazen zee.

Hoe omringen de vierentwintig oudsten de troon van God? Twaalf van hen zijn achter de Here gelegen, en de andere twaalf achter de Heilige Geest. Deze vierentwintig oudsten zijn geheiligde mensen en hebben het recht om te getuigen voor God. De troon van God is zo mooi, prachtig en groot, en gaat alle menselijke voorstelling te boven.

2. De oorspronkelijke troon van God

Handelingen 7:55-56 vertelt uitvoerig dat Stefanus de troon van het Lam ziet aan de rechter zijde van Gods troon.

"Maar hij, vol van de Heilige Geest, sloeg de ogen ten hemel en zag de heerlijkheid Gods en Jezus, staande ter rechter hand Gods. En hij zeide: Zie, ik zie de hemelen geopend en de Zoon des mensen, staande ter rechterhand Gods."

Stefanus werd een martelaar door gestenigd te worden terwijl hij vrijmoedig Jezus Christus preekte. Net voordat Stefanus stierf, werden zijn geestelijke ogen geopend en kon hij de Here zien staan aan de rechterzijde van Gods troon. De Here kon niet blijven zitten, wetende dat Stefanus spoedig een martelaar zou worden, door de joden die naar zijn boodschap hadden geluisterd. Dus de Here stond op van Zijn troon en huilde terwijl Hij keek hoe Stefanus ter dood werd gestenigd, en Stefanus zag dit tafereel met zijn geopende geestelijke ogen.

Evenzo, zag Stefanus Gods troon waar God en de Here zijn, en je zou moeten beseffen dat deze troon geheel verschillend is van degene die de Apostel Johannes zag in het Nieuwe Jeruzalem.

In vroegere tijden, wanneer de koning zijn paleis verliet, om in het land een kijkje te nemen, bouwde zijn staf een plaats die het paleis evenaarde, voor de koning om tijdelijk te verblijven.

Op gelijke wijze, is de troon van God in het Nieuwe Jeruzalem, niet de plaats waar God gewoonlijk verblijft, maar degene waar Hij gedurende korte periodes verblijft.

God bestond alleen als het licht

God bestond alleen, en omarmde het gehele universum van voor het begin der tijden (Exodus 3:14; Johannes 1:1; Openbaring 22:13). Het universum was niet zoals wij het nu zien met onze ogen, maar was een gehele ruimte, voordat het verdeeld werd in de geestelijke en natuurlijke werelden. God bestond als het licht en bescheen het gehele universum.

Hij was niet alleen een lichtstraal, maar bestond als zulke glanzende, mooie lichten die stroomden als water, dragende alle kleuren van de regenboog. Misschien begrijp je het beter als je denkt aan de Aurora, gezien rondom de Noord Pool. Een Aurora is een groep van verschillende kleuren van licht uitgespreid als een gordijn, en er wordt gezegd dat het beeld zo mooi is, dat iedereen die het gezien heeft, nooit meer de schoonheid ervan vergeet.

Hoeveel mooier zal het licht van God dan wel niet zijn – die het licht zelf is – en hoe kunnen we de pracht uitdrukken van zoveel mooi licht dat gemengd is?

Dat is de reden waarom 1 Johannes 1:5 zegt, *"En dit is de verkondiging, die wij van Hem gehoord hebben en u verkondigen: God is licht en in Hem is geheel geen duisternis."* De reden waarom gezegd wordt dat "God is licht" is niet alleen om de geestelijke betekenis uit te drukken dat God geheel geen duisternis heeft, maar ook om Gods verschijning te beschrijven die bestond als licht vanaf het begin.

Deze God, die alleen bestond voor het begin der tijden als het licht in het universum, was gevuld met stem. God bestond als het licht gevuld met stem, en deze stem is "het Woord" waar Johannes 1:1 naar verwijst: *"In den beginne, was het woord, en het Woord was bij God en het Woord was God."*

3. De bruid van het Lam

God wil dat alle mensen Zijn hart evenaren en het Nieuwe Jeruzalem binnengaan. Hij toont echter nog Zijn genade aan degene die niet volledig dit niveau van heiliging bereikt hebben door de menselijke ontwikkeling. Hij scheidde het koninkrijk van de hemel in vele verblijfplaatsen van het Paradijs tot het Eerste, Tweede, en Derde Koninkrijk van de hemel, en beloont Zijn kinderen overeenkomstig datgene wat ze gedaan hebben.

God geeft het Nieuwe Jeruzalem aan Zijn echte kinderen, die volledig geheiligd zijn en getrouw geweest zijn in geheel Zijn huis. Hij heeft het Nieuwe Jeruzalem gemaakt ter herinnering aan Jeruzalem, het fundament van het evangelie, en als een nieuw vat om alles te bevatten over datgene wat zij volbracht hebben, de wet met liefde.

We kunnen lezen in Openbaring 21:2 dat God het Nieuwe Jeruzalem zo mooi heeft voorbereid dat Johannes de Stad als een bruid herinnert, die zich prachtig heeft versierd voor haar bruidegom:

En ik zag de heilige stad, een nieuw Jeruzalem, nederdalende uit de hemel, van God, getooid als een bruid, die voor haar man versierd is.

Het Nieuwe Jeruzalem is mooi versierd als een bruid

God bereidt een prachtige verblijfplaats voor in de hemel voor de bruiden van de Here, die zichzelf mooi versierd hebben om de geestelijke bruidegom, de Here Jezus, te ontvangen door hun harten te besnijden. De mooiste plaats onder deze eeuwige verblijfplaatsen is de Stad van het Nieuwe Jeruzalem.

Dat is de reden waarom Openbaring 21:9 de Stad van het Nieuwe Jeruzalem uitdrukt als de mooiste plaats, versierd voor de bruiden van de Here, zoals *"De bruid, de vrouw van het Lam."*

Hoe hartstochtelijk zou het Nieuwe Jeruzalem zijn, omdat het het beste geschenk is voor de bruiden van de Here, die de God van liefde Zelf heeft voorbereid? Mensen zullen bewogen zijn wanneer ze hun respectievelijke huis binnengaan, gebouwd en verzorgd door Gods liefde en fijngevoelige, gedetailleerde beloningen. Dat komt omdat God ieder huis perfect maakt naar de smaak die bij de eigenaar past.

Een bruid dient haar man en voorziet voor hem een plaats om te rusten. Op gelijke wijze, dienen en omarmen de huizen in het Nieuwe Jeruzalem de bruiden van de Here. De plaats is zo aangenaam en veilig dat de mensen gevuld zijn met vreugde en gelukzaligheid.

In deze wereld, maakt het niet uit hoe goed een vrouw haar man dient, ze kan hem toch niet de volmaakte vrede en vreugde geven. De huizen in het Nieuwe Jeruzalem echter kunnen vrede en vreugde geven, welke de mensen niet kunnen ervaren in de wereld, omdat die huizen volledig gemaakt zijn om te voldoen aan de smaak van de eigenaar. De huizen zijn mooi en prachtig gemaakt, overeenkomstig de smaak van de eigenaar, want ze zijn voor die mensen wiens harten het hart van God evenaren. Hoe wonderlijk en prachtig zullen ze zijn, daar de Here over de bouw ervan gaat?

Wanneer je werkelijk in de hemel gelooft, zal je al gelukkig zijn door er alleen aan te denken, over hoeveel engelen de hemelse huizen bouwen met goud en edelstenen, volgens de wetten van God, die iedereen afzonderlijk beloont naar wat hij gedaan heeft.

Kun jij je voorstellen hoeveel gelukkiger en vreugdevoller het leven in het Nieuwe Jeruzalem zal zijn, welke je dient en omarmt zoals een vrouw?

De hemelse huizen worden gedecoreerd overeenkomstig iemands daden

De bouw van de hemelse huizen is begonnen vanaf het moment dat onze Here opstond en naar de hemel opvoer, en ze worden zelfs nu gebouwd overeenkomstig onze daden. Dus, de opbouw van de huizen van degene wiens leven eindigen hier op aarde, zijn gereed; de fundamenten zijn gelegd en de pilaren gaan omhoog voor sommige huizen; en de werken van sommige andere huizen zijn bijna gereed.

Wanneer alle hemelse huizen van de gelovigen klaar zijn, verteld Jezus ons in Johannes 14:2-3 dat Hij zal terugkomen op de aarde, maar deze keer in de wolken:

> *In het huis Mijns Vaders, zijn vele woningen – anders zou Ik het u gezegd hebben- want Ik ga heen om u plaats te bereiden; en wanneer Ik heengegaan ben en u plaats bereid heb, kom Ik weder en zal u tot Mij nemen, opdat ook gij zijn moogt, waar Ik ben.*

De eeuwige hemelse verblijfplaats van de geredde mensen wordt beslist tijdens het Oordeel van de Witte Troon.

Wanneer de eigenaar zijn of haar huis binnengaat, nadat de verblijfplaats en beloningen besloten zijn overeenkomstig de mate van iemands geloof, dan pas zal het huis volkomen stralen. Dat komt omdat de eigenaar en het huis een perfect paar vormt, wanneer de eigenaar zijn of haar huis binnengaat, net zoals een man en vrouw één vlees worden.

Hoe vol van Gods glorie zal het Nieuwe Jeruzalem zijn daar de troon van God daar gelegen is, en vele andere huizen worden gebouwd voor Gods echte kinderen, die ware liefde kunnen delen met Hem voor eeuwig?

4. Stralend als heldere edelstenen en helder als kristal

Terwijl de apostel Johannes geleid werd door de Heilige Geest was hij in ontzag toen hij de Heilige Stad van het Nieuwe Jeruzalem zag, en kon hij alleen maar het volgende belijden:

En hij voerde mij weg in de Geest op een grote en hoge berg en toonde mij de Heilige Stad, Jeruzalem, nederdalende uit de hemel, van God, en zij had de heerlijkheid Gods, en haar glans geleek op een zeer kostbaar gesteente, als de kristalheldere diamant (Openbaring 21:10-11).

Gaf Johannes glorie aan God terwijl hij keek naar het prachtige Nieuwe Jeruzalem vanaf de top van een berg, terwijl hij geleid werd door de Heilige Geest.

Het Nieuwe Jeruzalem, stralend met de glorie van God

Wat betekent het om te zeggen dat de glans van het Nieuwe Jeruzalem welke straalt van de glorie van God is "als een zeer kostbaar gesteente, als een kristalheldere diamant"? Er zijn vele soorten edelstenen en ze hebben verschillende namen overeenkomstig hun componenten en kleuren. Om als kostbaar beschouwd te worden, moet iedere steen een zeer mooie kleur weergeven. Dus, de uitdrukking "als een zeer kostbaar gesteente" betekent dat het de volmaakte schoonheid is. De apostel Johannes vergeleek het mooie licht van het Nieuwe Jeruzalem met dat van kostbare gesteenten, die mensen heel kostbaar en mooi achten.

Bovendien, heeft het Nieuwe Jeruzalem enorme en grote huizen, en zijn gedecoreerd met hemelse edelstenen die hartstochtelijke lichten uitstralen, en je kan zeggen dat de lichten glinsteren en mooi zijn, ook al kijk je van ver naar de stad. Blauwachtige, witte lichten die schitteren met vele kleuren lijken het Nieuwe Jeruzalem te omarmen. Hoe indrukwekkend en

De Hemel II

geweldig zal dit zicht wel niet zijn? Openbaring 21:18 zegt ons dat de muren van het Nieuwe Jeruzalem gemaakt zijn van diamant. In tegenstelling tot de matte diamant hier op aarde, heeft de diamant in de hemel een blauwachtige kleur en is zo mooi en helder, dat wanneer je er naar kijkt, het lijkt alsof je naar helder water kijkt. Het is bijna onmogelijk om de schoonheid van haar kleuren uit te drukken met de dingen van deze wereld. Misschien kan het vergeleken worden met een stralend, blauw licht die weerkaatst op een heldere golf. Bovendien kunnen we alleen haar kleur maar uitdrukken als helder, blauwachtig, en wit. Diamant vertegenwoordigt de elegantie en zuiverheid van God, en Gods "gerechtigheid" welke onberispelijk, helder en eerlijk is.

Er zijn vele soorten kristallen, en in hemelse termen verwijst het naar kleurloze, transparante, en harde stenen die zo rein en helder zijn als zuiver water. Reine en heldere kristallen worden op velerlei gebied gebruikt voor de decoratie van vroegere tijden, omdat ze niet alleen helder en transparant zijn, maar ook heel mooi licht weerkaatsen.

Kristal, maar toch niet al te duur, weerkaatst prachtig licht, zodat het lijkt op regenbogen. Bovendien, heeft God de glans van glorie, geplaatst op de hemelse kristallen met Zijn kracht, zodat het zelfs niet vergeleken kan worden met degene die gevonden worden hier op aarde. Johannes, de Apostel, probeerde de schoonheid, helderheid, en weerkaatsing van het Nieuwe Jeruzalem uit te drukken met kristal.

De Heilige Stad, het Nieuwe Jeruzalem, is gevuld met Gods

wonderlijke glorie. Hoe prachtig, mooi en stralend zal het Nieuwe Jeruzalem zijn, daar de troon van God daar gelegen is en het hoogtepunt waar God Zichzelf vormde in de Drie-eenheid?

Hoofdstuk 2

De namen van de twaalf stammen en de twaalf apostelen

1. Twaalf engelen bewaken de poorten
2. De namen van de twaalf stammen van Israël geschreven op de twaalf poorten
3. De namen van de twaalf discipelen geschreven op de twaalf fundamenten

En zij had een grote en hoge muur en zij had twaalf poorten en op de poorten twaalf engelen, en namen op (de poorten) geschreven, welke zijn die van de twaalf stammen der kinderen Israëls. Naar het oosten waren drie poorten en naar het noorden drie poorten en naar het zuiden drie poorten en naar het westen drie poorten. En de muur der stad had twaalf fundamenten en daarop de twaalf namen van de twaalf apostelen des Lams.

- Openbaringen 21:12-14 -

Het nieuwe Jeruzalem is omringd door muren die prachtig schitterend lichten. Ieders gepraat zal in het niets vallen, bij de afmetingen, grootheid, schoonheid en glorie van deze muren.

De stad is kubusvormig en heeft drie poorten aan iedere kant; oost, west, noord, zuid. Het heeft een totaal van twaalf poorten en is geweldig indrukwekkend. Een waardige en majestueuze engel bewaakt elke poort en de namen van de twaalf stammen zijn in deze poorten gegraveerd.

Ook rond de muren van Jeruzalem zijn twaalf funderingen waarop twaalf pilaren staan en de namen van de discipelen zijn weergegeven. Alles in het Nieuwe Jeruzalem is gemaakt door het nummer 12, met het nummer van het licht, als basis. Het is op dat iedereen gemakkelijk zal kunnen begrijpen dat het Nieuwe Jeruzalem de plaats voor de kinderen van het licht is wier harten lijken op het hart van God, die zelf het licht is.

Laat ons kijken naar de redenen waarom twaalf engelen de twaalf poorten van het Nieuwe Jeruzalem bewaken en de namen van de twaalf stammen en de twaalf discipelen die opgetekend staan over de gehele Stad.

1. Twaalf engelen bewaken de poorten

Vroeger bewaakten vele soldaten of wachten de poorten van het kasteel waarin de koningen of andere hoog geplaatsten verbleven en leefden. Deze mate was nodig om de gebouwen te beschermen tegen de vijanden en indringers. Twaalf engelen bewaken echter de poorten van het Nieuwe Jeruzalem, ondanks dat niemand er kan binnen gaan of binnenvallen zoals hij wenst, want in de Stad is Gods troon gelegen. Wat is dan de reden?

Om de rijkdom, autoriteit en glorie uit te drukken

De Stad van het Nieuwe Jeruzalem is enorm en reusachtig en gaat elke verbeelding te boven. De grote Verboden Stad van China, waarin gebruikelijk de keizers leefden is net zo groot als iemands individuele huis in het Nieuwe Jeruzalem. Zelfs de maat van de Grote Muur van China, een van de Zeven Wereldwonderen van de Oudheid, kan niet vergeleken worden met de Stad van Het Nieuwe Jeruzalem.

De eerste reden waarom er twaalf engelen zijn om de poorten te bewaken is om de rijkdom en eer, autoriteit en glorie te symboliseren. Zelfs vandaag hebben de machtigen of rijken hun eigen privé wachten in en om hun huizen, en dit geeft de rijkdom en de autoriteit weer van de bewoners.

Dus, is het vanzelfsprekend dat engelen in hun hoge positie de poorten van de Stad van het Nieuwe Jeruzalem bewaken, waar Gods troon gelegen is. Iemand kan de autoriteit van God en van de bewoners van het Nieuwe Jeruzalem voelen, in een ogenblik, enkel door te kijken naar de twaalf engelen, wiens tegenwoordigheid worden toegevoegd aan de schoonheid en glorie van het Nieuwe Jeruzalem zelf.

Om Gods erkende kinderen te beschermen

Wat dan is de tweede reden, waarom de twaalf engelen de

poorten van het Nieuwe Jeruzalem bewaken? Hebreeën 1:14 vraagt, *"Zijn zij niet allen dienende geesten, die uitgezonden worden ten dienste van hen, die het heil zullen beërven?"* God beschermt Zijn kinderen die op deze aarde leven met Zijn brandende ogen en de engelen die door Hem gezonden zijn.

Dus, degene die leven overeenkomstig Gods woord, zullen niet gelasterd worden door Satan, maar beschermt worden voor de testen, problemen, natuurlijke en mensgemaakte rampen, ziektes, en ongevallen.

Er zijn ook talloze engelen in de hemel die hun plicht uitoefenen overeenkomstig Gods bevel. Onder hen zijn er engelen die de wacht houden, optekenen en aan God rapporteren elke daad, die iedereen doet ongeacht, of die persoon nu een gelovige is of niet. Op de Dag van het Oordeel, herinnert God zelfs het kleinste woord uitgesproken door ieder individu, en beloont overeenkomstig wat hij of zij gedaan heeft.

Evenzo, zijn alle engelen geesten over wie God de controle heeft, en het is vanzelfsprekend dat zij de kinderen van God beschermen en er naar om zien, zelfs in de hemel. Natuurlijk zullen er geen ongevallen of gevaren zijn in de hemel, daar er geen duisternis is, die de vijand toebehoort, maar het is de oorspronkelijke plicht van hen om hun meesters te dienen. Deze plicht wordt niet geforceerd door iemand, maar wordt vrijwillig uitgedragen overeenkomstig de orde en harmonie van de geestelijke wereld; het is de oorspronkelijke plicht toegewezen aan de engelen.

Om de vredevolle orde te handhaven van het Nieuwe Jeruzalem

Wat dan is de derde reden, waarom de twaalf engelen de poorten van het Nieuwe Jeruzalem bewaken? De hemel is een volmaakte geestelijke wereld, zonder enige onvolkomenheid, en verloopt in volmaakte orde. Er is geen haat, ruzie, of bevel, maar het opereert en handhaaft enkel Gods geboden. De beloningen en autoriteit zijn gevestigd in de rechtvaardigheid van God, die beloont overeenkomstig ieders daden, en alles verloopt volgens die orde.

Een huis wat verdeeld is tegen zichzelf, kan geen stand houden. Op gelijke wijze, kan de wereld van Satan niet tegen zichzelf blijven staan, maar werkt overeenkomstig een bepaalde orde (Marcus 3:22-26) Hoe terecht zal het koninkrijk van God dan niet bevestigd zijn en opereren in die orde?

Bijvoorbeeld, feestmalen die gehouden worden in het Nieuwe Jeruzalem verlopen overeenkomstig de orde. De geredde zielen dan van het Derde, Tweede, en Eerste Koninkrijk en Paradijs kunnen enkel het Nieuwe Jeruzalem binnengaan op basis van een uitnodiging, opnieuw volgens de geestelijke orde. Daar, zullen zij God behagen en hun vreugde delen met de andere bewoners van het Nieuwe Jeruzalem.

Wanneer de geredde zielen in het Paradijs, het Eerste, en Tweede Koninkrijk vrijelijk het Nieuwe Jeruzalem zouden kunnen binnengaan wanneer ze dat willen, wat zou er dan gebeuren? Net zoals de waarde van zelfs de beste en kostbaarste voorwerpen afneemt, als er niet op de juiste wijze mee wordt omgegaan, gedurende de tijd en gebruik, als de bevelen in het

Nieuwe Jeruzalem zouden worden verbroken, zou de schoonheid niet behouden kunnen worden.

Daarom, voor de vredevolle orde van het Nieuwe Jeruzalem, is het nodig dat er twaalf poorten zijn en de engelen die elke poort bewaken. Natuurlijk, kunnen die gelovigen van het Derde Koninkrijk of daaronder niet vrij het Nieuwe Jeruzalem binnengaan, zelfs al zou er geen engel zijn om de poort te bewaken, vanwege het verschil van glorie. De engelen zorgen er zeker voor dat de juiste orde volkomen wordt gehandhaafd.

2. De namen van de twaalf stammen van Israël geschreven op de twaalf poorten

Wat dan, is de reden van het schrijven van de twaalf stammen van Israël op de poorten van het Nieuwe Jeruzalem? Symboliseren de namen van de twaalf stammen van Israël het feit dat de twaalf poorten van het Nieuwe Jeruzalem beginnen met de twaalf stammen van Israël.

De achtergrond van het maken van de twaalf poorten

Adam en Eva, die vanwege hun zonde van ongehoorzaamheid, 6,000 jaar geleden, uit de Hof van Eden verdreven werden, gaven geboorte aan vele kinderen terwijl ze op deze aarde leefden. Toen de wereld vol van zonde was, werd iedereen, behalve Noach en zijn familie, een rechtvaardig man in die tijd onder de mensen, gestraft en vergingen door het water.

Toen, ongeveer 4,000 jaar geleden, Abraham werd geboren

en toen de tijd kwam, bevestigde God hem als de voorvader van geloof en zegende hem overvloedig. God beloofde Abraham in Genesis 22:17-18.

Zal Ik u rijkelijk zegenen, en uw nageslacht talrijk maken, als de sterren des hemels en als het zand aan de oever van de zee, en uw nageslacht zal de poort zijner vijanden in bezit nemen. En met uw nageslacht zullen alle volken der aarde gezegend worden, omdat gij naar Mijn stem gehoord hebt.

De getrouwe God, bevestigde Jakob, de kleinzoon van Abraham, als de oprichter van Israël, en maakte het fundament om een natie te vormen met zijn twaalf zonen. Toen, ongeveer 2.000 jaar geleden, God Jezus zond als een nakomeling van de Stam van Juda, en opende de weg van redding voor de gehele mensheid.

Op deze wijze, vormde God het volk Israël met twaalf stammen om de zegening te vervullen die Hij aan Abraham had gegeven. Bovendien, om dit feit te symboliseren en te markeren, maakte God de twaalf poorten in het Nieuwe Jeruzalem en graveerde de namen van de twaalf stammen van Israël erin.

Laat ons nu eens een kijkje nemen naar Jakob, de voorvader van Israël, en de twaalf stammen.

Jakob de voorvader van Israël en zijn twaalf zonen

Jakob, de kleinzoon van Abraham, en de zoon van Isaak, nam het eerste geboorterecht weg van zijn oudere broer Esau, op een listige manier, en moest vluchten voor zijn broer naar zijn oom Laban. Gedurende zijn twintigjarig verblijf in Labans huis, zuiverde God Jakob totdat hij de voorvader van Israël werd.

Genesis 29:21 en verder verklaart tot in detail Jakobs huwelijken en de geboorte van zijn twaalf zonen. Jakob hield zoveel van Rachel en beloofde om zeven jaar Laban te dienen zodat hij met haar kon trouwen, maar hij werd bedrogen door zijn oom en trouwde met Lea, haar zuster. Hij moest Laban beloven om opnieuw zeven jaar voor haar te dienen om haar te kunnen trouwen. Jakob trouwde uiteindelijk met Rachel en hield meer van Rachel dan dat hij van Lea hield.

God had genade met Lea, die niet geliefd werd door haar man, en opende haar baarmoeder. Lea gaf geboorte aan Ruben, Simeon, Levi en Juda. Rachel was geliefd door Jakob, maar kon gedurende een periode geen geboorte geven aan zonen. Ze werd jaloers op haar zuster Lea en gaf haar slavin Bilha aan haar man als vrouw. Bilha gaf geboorte aan Dan en Naftali. Toen Lea niet meer kon baren, gaf zij haar slavin Zilpa, als vrouw, en Zilpa gaf geboorte aan Gad, en Aser.

Later, ontving Lea een overeenkomst van Rachel om met Jakob te slapen in ruil voor de eerste zoon Rubens mandragora (= liefdesappelen). Ze gaf geboorte aan Issakar en Zebulon, en een dochter Dina. En toen herinnerde God Rachel, die onvruchtbaar was en opende haar baarmoeder en toen gaf zij geboorte aan Jozef. Na de geboorte van Jozef, ontving Jakob een bevel van God om de Jabbok Rivier over te steken en ging terug naar zijn geboorteplaats met zijn twee vrouwen, twee slavinnen en elf zonen.

Jakob ging door beproevingen in het huis van zijn oom

Laban gedurende decennia. Daarna, vernederde hij zichzelf en bad totdat zijn heup werd ontwricht aan de Jabbok Rivier, op weg naar zijn geboorteplaats. Toen ontving hij de nieuwe naam "Israël" (Genesis 32:28). Israël verzoende zich ook met zijn broeder Esau en leefde in het land Kanaän. Hij ontving de zegening om de voorvader van Israël te worden en kreeg zijn laatste zoon, Benjamin, door Rachel.

De twaalf stammen van Israël, Gods uitverkoren volk

Jozef die het meest geliefd was door zijn vader, onder Israëls twaalf zonen, werd aan Egypte verkocht op de leeftijd van 17, door zijn broeders die verzwolgen waren door jaloezie. Binnen Gods voorzienigheid, werd Jozef op de leeftijd van 30, de eerste minister van Egypte. Wetende dat er een ernstige hongersnood in het land Kanaän zou komen, zond God Jozef eerst naar Egypte, en stond toen zijn hele familie toe om naar daar te verhuizen, zodat ze in aantal konden toenemen en een natie konden vormen.

In Genesis 49:3-28, zegent Israël zijn twaalf zonen vlak voordat hij zijn laatste adem geeft, en zij worden de twaalf stammen van Israël:

"Ruben, mijn eerstgeborene zijt gij,
Mijn sterkte en de eersteling mijner kracht (v. 3)...
Simeon en Levi zijn broeders;
Hun gereedschappen zijn werktuigen van geweld (v. 5)...
Juda, u zullen uw broeders loven (v. 8)...
Zebulon zal wonen aan het strand (v. 13)...

*Issakar is een bonkige ezel,
Die tussen de stallingen ligt* (v. 14)...
*Dan zal zijn volk richten,
Als één der stammen Israëls* (v. 16)...
*Gad, een bende zal hem belagen,
Maar hij zal hun hielen belagen* (v. 19)...
Aser, zijn spijze zal vet zijn (v. 20)...
*Naftali is een losgelaten hinde;
hij laat schone woorden* (v. 21)...
*Jozef is een jonge vruchtboom,
Een jonge vruchtboom aan een bron* (v. 22)...
Benjamin is een verscheurende wolf (v. 27)..."

Deze zijn allemaal de twaalf stammen van Israël, en dit is wat hun vader tot hen zei toen hij ze zegende, hij gaf iedereen de zegening die bij hem paste. De zegeningen waren verschillend, omdat elke zoon (stam) anders was in zijn karakterkenmerken, persoonlijkheid, daden en natuur.

Door Mozes, gaf God de Wet aan de twaalf stammen van Israël die uit Egypte kwamen, en begon hen te leiden naar het land Kanaän, overvloeiende van melk en honing. In Deuteronomium 33:5-25, zien we Mozes het volk van Israël zegenen vlak voor zijn dood.

"*Ruben leve, en sterve niet,
maar laten zijn mannen te tellen blijven* (v. 6) ...
*Hoor, Here de stem van Juda,
En breng hem tot zijn volk* (v. 7) ...
Van Levi zeide hij,

"Uw Tummim en Urim
behoren de man toe, die uw gunstgenoot is" (v. 8) ...
Van Benjamin zei hij,
"De beminde des Heren
die veilig bij Hem wonen zal" (v. 12) ...
Van Jozef zei hij,
"Zijn land zij door de Here gezegend
met de kostelijkste gave des hemels, met de dauw,
en met de watervloed die beneden ligt" (v. 13) ...
Dit zijn de tienduizenden van Efraïm, en
Dit zijn de duizenden van Manasse (v. 17) ...
Van Zebulon zei hij,
"Verheug u, gij Zebulon, over uw tochten,
en gij, Issakar over uw tenten" (v. 18) ...
Van Gad zeide hij,
"Geprezen zijt Hij,
die voor Gad ruimte maakt" (v. 20) ...
En van Dan zeide hij,
"Dan is een leeuwen welp,
die uit Basan te voorschijn springt" (v. 22) ...
En Van Naftali zeide hij,
"O Naftali, is verzadigd van het welbehagen,
en vervuld van de zegen des Heren" (v. 23) ...
Gezegend zij Aser onder de zonen;
hij zij bemind bij zijn broeders (v. 24) ..."

Levi, onder de twaalf zonen, werd van de twaalf stammen uitgesloten om zo priesters te worden en God toe te behoren. In plaats daarvan werden Jozefs twee zonen, Manasse en Efraïm als twee stammen gevormd om de Levieten te vervangen.

De namen van de twaalf stammen

Hoe dan er kunnen, die noch leden van de twaalf stammen zijn noch directe nakomelingen van Abraham zijn, gered worden en door de twaalf poorten gaan, waarop de namen van de twaalf stammen geschreven zijn?

We kunnen het antwoord op die vraag vinden in het boek Openbaringen 7:4-8:

> *En ik hoorde het getal van hen, die verzegeld waren: honderd vierenveertig duizend waren verzegeld uit alle stammen der kinderen Israëls. Uit de stam Juda twaalfduizend verzegelden, uit de stam Ruben twaalfduizend, uit de stam Gad twaalfduizend, uit de stam Aser twaalfduizend, uit de stam Naftali twaalfduizend, uit de stam Manasse twaalfduizend, uit de stam Simeon twaalfduizend, uit de stam Levi twaalfduizend, uit de stam Issakar twaalfduizend, uit de stam Zebulon twaalfduizend, uit de stam Jozef twaalfduizend, uit de stam Benjamin twaalfduizend verzegelden.*

In deze verzen komt de stam Juda eerst, en de naam van de stam Ruben volgt, in tegenstelling tot de boeken Genesis en Deuteronomium. En de naam van de stam Dan is verwijderd en de naam van de Stam Manasse is toegevoegd.

In 1 Koningen 12:28-31 staat de ernstige zonde beschreven

De Hemel II

van de stam Dan.

Toen overlegde de koning en maakte twee gouden kalveren, en zeide tot het volk: Het is teveel voor u om op te trekken naar Jeruzalem. Dit zijn uw goden, o Israël, die u uit het land Egypte hebben geleid." Hij stelde het ene op te Betel en het andere plaatste hij te Dan. En dit werd een oorzaak tot zonde. Zelfs was het volk voor het ene beeld uitgelopen tot Dan toe. Verder maakte hij tempels op de hoogten, en stelde priesters aan uit alle kringen van het volk, die niet tot de Levieten behoorden.

Jeroboam, die de eerste koning werd van het Noordelijke koninkrijk van Israël, dacht bij zichzelf dat wanneer de mensen naar de tempel van de Here zouden gaan in Jeruzalem om te offer dat ze opnieuw de eed van trouw zouden geven aan hun heer, Rehoboam, koning van Juda. De koning maakte twee gouden kalveren, en plaatste de ene in Betel en de andere in Dan. Hij verbood de mensen om naar Jeruzalem te gaan om te offeren aan God en lokte hen om te dienen in Betel en Dan.

De stam van Dan pleegde de zonde van afgoden aanbidding en maakte het gewone volk priesters van God, ondanks dat niemand anders dan de stam van de Levieten priester konden worden. En ze stelden een feest in op de vijftiende dag van de achtste maand, zoals het feest wat gehouden werd in Juda. Al deze zonden konden onmogelijk vergeven worden door God en ze werden door Hem verlaten.

Dus, de naam van de stam Dam werd eruit gelaten en

vervangen door de naam van de Stam Manasse. Het feit dat de naam van de stam Manasse werd toegevoegd werd geprofeteerd in Genesis 48:5. Jakob zei tot zijn zoon Jozef:

> *"En nu, uw beide zonen, die u in het land Egypte geboren zijn, voordat ik tot u naar Egypte gekomen was, zij zijn de mijne; Efraïm en Manasse, zullen mij als Ruben en Simeon zijn."*

Jakob, de vader van Israël, verzegelde reeds Manasse en Efraïm als de zijne. Dus, in het boek Openbaringen van het Nieuwe Testament, kan je de naam van Manasse terug vinden in plaats van die van Dan.

Het feit dat de naam van de stam Manasse op deze wijze is opgenomen onder de twaalf stammen van Israël, ondanks dat hij niet een van de twaalf leiders van Israël was, geeft aan dat de heidenen de plaats van de Israëlieten zou nemen en gered zouden worden.

God legde het fundament van een natie door de twaalf stammen van Israël. Ongeveer tweeduizend jaar geleden, opende Hij de weg van het wegwassen van onze zonden door het kostbare bloed van Jezus Christus wat vloeide op het kruis dat iedereen toestond om redding te ontvangen met geloof.

God koos het volk Israël, die uit de twaalf stammen kwam en noemde hen "Mijn volk," maar omdat ze uiteindelijk tekort schoten in het volgen van Gods wil, ging het evangelie over naar de heidenen.

De heidenen, de wilde olijftak die ingeënt werd, heeft Gods uitverkoren volk Israël vervangen, die de olijftak is. Dat is de reden waarom de apostel Paulus zei in Romeinen 2:28-29, *"Want niet hij is een Jood, die het uiterlijk is, en niet dat is besnijdenis, wat uiterlijk, aan het vlees, geschiedt, maar hij is een Jood, die het in het verborgen is, en de ware besnijdenis is die van het hart, naar de Geest, niet naar de letter. Dan komt zijn lof niet van mensen, maar van God."*

In het kort, de heidenen hebben de plaats van het volk Israël ingenomen, in overeenstemming met de voorzienigheid van God, net zoals de stam Dan verwijderd is en de stam Manasse is toegevoegd. Daarom, kunnen zelfs de heidenen het Nieuwe Jeruzalem binnengaan, door de twaalf poorten, zolang ze maar de juiste kwalificaties bezitten van het geloof.

Daarom, niet alleen degene die tot de twaalf stammen van Israël behoren, maar ook degene die nakomelingen van Abraham geworden zijn in geloof, zullen redding ontvangen. Wanneer de heidenen tot geloof komen, beschouwt God hen niet langer als "heidenen", maar in plaats daarvan als een lid van de twaalf stammen. Alle naties zullen gered worden door de twaalf poorten, en dit is de gerechtigheid van God.

Tenslotte, verwijzen de "twaalf stammen" geestelijk naar alle kinderen van God die gered zijn door geloof, en God heeft de namen van de twaalf stammen op de twaalf poorten van het Nieuwe Jeruzalem geschreven, om dit feit te symboliseren.

Net zoals verschillende landen en gebieden echter verschillende kenmerken hebben, verschilt ook de glorie van elke stam van de twaalf stammen en de twaalf poorten in de hemel.

3. De namen van de twaalf discipelen geschreven op de twaalf fundamenten

Wat dan is de reden waarom de namen van de twaalf discipelen geschreven staan op de twaalf fundamenten van het Nieuwe Jeruzalem?

Om een gebouw te op te bouwen, moeten er fundamenten gelegd worden om de pilaren op te leggen. Het is gemakkelijk om de grote van een constructie te schatten als je naar de diepte van het graafwerk kijkt. De fundamenten zijn zeer belangrijk, omdat ze het gewicht van het gehele bouwwerk moeten ondersteunen.

Evenzo, werden de twaalf fundamenten gelegd om de muren van het Nieuwe Jeruzalem op te bouwen en twaalf pilaren, waartussen de twaalf poorten gemaakt werden. Toen werden de twaalf poorten gemaakt. De grote van de twaalf fundamenten en de twaalf pilaren is zo reusachtig, dat het onze verbeelding te boven gaat, en we gaan er in het volgende hoofdstuk dieper op in.

De twaalf fundamenten, zijn belangrijker dan de twaalf poorten

Elke schaduw heeft de grondslag van het type. Bij het zelfde gegeven, is het Oude Testament een schaduw van het Nieuwe Testament, omdat het Oude Testament getuigd van Jezus die naar de wereld zou komen als de Redder, en het Nieuwe Testament de bediening van Jezus weergeeft, die naar de wereld kwam, alle profetieën vervulde, en de weg van redding volbracht (Hebreeën 10:1).

God, die het fundament van een natie legde door de twaalf

stammen van Israël en de Wet van Mozes verklaarde, onderwees de twaalf discipelen door Jezus, die de Wet met liefde vervulde en maakte hen een getuige van de Here tot het einde der aarde. Op deze wijze, zijn de twaalf discipelen helden, die het mogelijk maakten om de Wet van het Oude Testament te vervullen en de Stad van het Nieuwe Jeruzalem te bouwen, niet handelend als een schaduw maar als de grondslag.

Daarom zijn de twaalf fundamenten van het Nieuwe Jeruzalem belangrijker dan de twaalf poorten, en de rol van de twaalf discipelen is belangrijker dan die van de twaalf stammen.

Jezus en Zijn twaalf discipelen

Jezus, de Zoon van God, die naar deze wereld kwam in het vlees, begon zijn bediening op de leeftijd van 30, riep Zijn discipelen, en onderwees hen. Toen de tijd naderde, bekrachtigde Jezus Zijn discipelen om boze geesten uit te drijven, en de zieken te genezen. Matteüs 10:2-4 vermeld de twaalf discipelen:

> *En dit zijn de namen van de twaalf apostelen: vooreerst Simon, genaamd Petrus, en Andreas, zijn broeder; en Jakobus, de zoon van Zebedeüs, en Johannes, zijn broeder; Filippus en Bartolomeüs; Tomas en Matteüs, de tollenaar; Jakobus, de zoon van Alfeüs en Taddeüs; Simon de zeloot en Judas Iskariot, die Hem ook verraden zou.*

Zoals Jezus hen opdroeg, verkondigden ze het evangelie en verrichten de werken van Gods kracht. Ze getuigden van de levende God en brachten vele mensen op de weg van redding. Een ieder van hen, behalve Judas Iskariot, die aangespoord werd door Satan en eindigde met de verkoop van Jezus, getuigden van Jezus opstanding en opvaring, en ervoeren de Heilige Geest door vurig te bidden. Zoals Jezus hen opdroeg verkondigden ze het evangelie en verrichtten de werken met Gods kracht.

Toen, gaf de Here hen de opdracht, ze ontvingen de kracht van de Heilige Geest en de werden de getuigen van de Here in Jeruzalem, geheel Judea, en Samaria en tot het uiterste der aarde.

Mattias kwam in de plaats van Judas Iskariot

Handelingen 1:15-26 beschrijft het proces van de vervanging van Judas Iskariot, onder de twaalf discipelen. Ze baden tot God en wierpen het lot. Dit werd gedaan omdat de discipelen het wilden doen overeenkomstig Gods wil, zonder de interventie van enige menselijke gedachte. Ze verkozen uiteindelijk een man, onder degene die ook door Jezus onderwezen waren, genaamd Mattias.

De reden waarom Jezus toch Judas Iskariot verkoos, wetende dat hij uiteindelijk zou verraden, ligt hierin. Het feit dat Mattias gekozen werd als nieuw, betekent dat de heidenen redding konden ontvangen. Het betekent ook dat de gekozen dienstknechten van God vandaag behoren tot de plaats van Mattias. Sedert de opstanding en hemelvaart van de Here, zijn er vele dienstknechten van God geweest die gekozen werden door God Zelf, en iedereen die een wordt met de Here, kan geselecteerd worden als één van de discipelen van de Here, net zoals Mattias Zijn discipel werd.

De dienstknechten van God, geselecteerd door God Zelf,

gehoorzamen de wil van hun Meester enkel met "Ja." Wanneer dienstknechten van God niet gehoorzamen aan Zijn wil, kunnen en mogen ze zich geen "dienstknechten van God" noemen, of "Gods uitgekozen dienstknechten." De twaalf discipelen, inclusief Mattias geleken op de Here, bereikten de heiligheid, gehoorzaamden de onderwijzingen van de Here en vervulden de wil van God volledig. Ze werden de fundamenten van de wereldzending door hun plicht te vervullen totdat ze martelaren werden.

De namen van de twaalf discipelen

Degene die gered werden door geloof, ondanks dat ze noch geheiligd, noch getrouw waren in geheel Gods huis, kunnen het Nieuwe Jeruzalem bezoeken met een uitnodiging, maar ze kunnen er niet voor eeuwig verblijven. Dus, de reden waarom de namen van de twaalf discipelen geschreven staan op de twaalf fundamenten, is om ons er aan te herinneren dat alleen zij die geheiligd en getrouw zijn in geheel Gods huis, tijdens dit leven, het Nieuwe Jeruzalem kunnen binnengaan.

De twaalf stammen van Israël verwijzen naar al Gods kinderen die gered zijn door geloof. Degene die geheiligd zijn en getrouw zijn met geheel hun leven zullen de vereisten bezitten om het Nieuwe Jeruzalem binnen te gaan. Om deze redenen, zijn de twaalf fundamenten belangrijker, en dat is de reden waarom de namen van de twaalf discipelen niet geschreven zijn op de twaalf poorten, maar op de twaalf fundamenten.

Waarom dan, koos Jezus maar twaalf discipelen? In Zijn

volkomen wijsheid, vervulde God Zijn voorzienigheid, welke Hij al ontworpen had voordat de tijd begon en volbracht alles overeenkomstig. Dus, we weten dat Jezus enkel twaalf discipelen aanwees om zo Gods plan te volbrengen.

God, die de twaalf stammen vormde in het Oude Testament, selecteerde twaalf discipelen, gebruikte het nummer 12 wat staat voor "licht" en "volmaaktheid" wat ook in het Nieuwe Testament staat en de schaduw van het Oude Testament en de grondslag van het Nieuwe Testament werd een paar.

God verandert Zijn plan en gedachten niet, welke Hij ontworpen heeft, en houdt Zijn woord. Daarom, moeten wij alles van Gods woord geloven, in de bijbel, onszelf voorbereiden als de bruid van de Here, om Hem te ontvangen, en de vereisten bereiken en verkrijgen die nodig zijn om het Nieuwe Jeruzalem binnen te gaan zoals de twaalf discipelen.

Jezus zei ons in Openbaring 22:12, *"Zie, Ik kom spoedig en mijn loon is bij Mij om een ieder te vergelden, naar dat zijn werk is."*

Wat voor soort Christelijk leven zou je moeten leiden als je werkelijk gelooft dat de Here spoedig terugkomt? Je zou niet alleen tevreden moeten zijn met het ontvangen van redding door geloof in Jezus Christus, maar moet ook proberen om je zonden te verwerpen en getrouw te zijn in al je plichten.

Ik bid in de naam van de Here Jezus Christus dat je de eeuwige glorie en zegeningen zal hebben in het Nieuwe Jeruzalem zoals de voorvaders van het geloof wiens namen gegraveerd staan op de twaalf poorten en de twaalf fundamenten!

Hoofdstuk 3

De grootte van het Nieuwe Jeruzalem

1. Gemeten met een gouden meetstok

2. Een kubusvormig Nieuw Jeruzalem

En hij die met mij sprak had een gouden meetstok om de stad op te meten, en haar poorten, en haar muur. En de stad lag in het vierkant en haar lengte was even groot als haar breedte; en hij mat de stad op met de stok: twaalfduizend stadiën; haar lengte, en haar breedte en haar hoogte waren gelijk. En hij mat haar muur op: honderdvierenveertig el, mensenmaat, die engelenmaat is.

- Openbaring 21:15-17 -

Sommige gelovigen denken dat iedereen die gered is, het Nieuwe Jeruzalem binnen zal gaan, waar Gods troon gelegen is, of begrijpen het verkeerd dat het Nieuwe Jeruzalem, de hele hemel is. En toch, het Nieuwe Jeruzalem is niet de gehele hemel, maar enkel een deel van de eindeloze hemel. Alleen Gods echte kinderen die heilig en geheiligd zijn, kunnen daar binnengaan. Hoe reusachtig, vraag je jezelf misschien af, is de grootte van het Nieuwe Jeruzalem, welke God heeft voorbereid voor Zijn echte kinderen?

Laat ons eens dieper kijken naar de grote en vorm van het Nieuwe Jeruzalem, en de geestelijke betekenis die er achter zit.

1. Gemeten met een gouden meetstok

Het is normaal voor degene met echt geloof en vurige hoop voor het Nieuwe Jeruzalem om zich af te vragen de vorm en grootte van de Stad. Omdat het de plaats is voor Gods kinderen, die zich geheiligd hebben en op de Here lijken, heeft God het Nieuwe Jeruzalem zo mooi en prachtig gemaakt.

In Openbaring 21:15, kan je lezen over een engel die staat met een gouden meetstok om de grootte van de poorten en muren van het Nieuwe Jeruzalem te meten. Wat is dan de reden, dat God het Nieuwe Jeruzalem laat opmeten met een gouden meetstok?

De gouden meetstok is een soort rechte rand, die gebruikt wordt om de afstand in de hemel te meten. Wanneer je de betekenis weet van goud en de meetstok, kan je de reden begrijpen waarom God de dimensies van het Nieuwe Jeruzalem meet met de gouden meetstok.

Goud staat voor "geloof" omdat het in de tijd nooit veranderd. Daarom symboliseert het goud van de gouden meetstok, het feit dat Gods meting accuraat is en nooit veranderd, en dat Hij al Zijn beloftes houdt.

Kenmerken van de meetstok dat geloof meet

Een meetstok is lang en de rand is zacht. Het zwaait gemakkelijk door de wind, maar knapt nooit; het bezit zowel zachtheid als kracht, tegelijk. Riet heeft knoesten, en dat betekent dat God beloont overeenkomstig datgene wat iemand gedaan heeft.

Dus, de reden waarom God de Stad van het Nieuwe Jeruzalem meet met een gouden meetstok (riet), is om ieders geloof accuraat te meten en terug te geven overeenkomstig wat hij of zij gedaan heeft.

Laat ons nu even kijken naar de kenmerken en geestelijke betekenis waarom God de dimensies van het Nieuwe Jeruzalem meet met een gouden meetstok.

Allereerst, heeft riet zeer diepe, en sterke wortels. Ze zijn 1-3 meter, ongeveer 3-10 voet groot, en leven in groepen in het zand van moerassen of meren. Het lijkt misschien dat ze zwakke wortels hebben, maar je kan ze niet gemakkelijk uittrekken.

Op gelijke wijze, zouden Gods kinderen standvastig geworteld in het geloof moeten zijn en staan op de rots van de waarheid. Enkel wanneer je een onveranderlijk geloof hebt dat niet wankelt, onder geen enkele omstandigheid, zal je in staat zijn om het Nieuwe Jeruzalem binnen te gaan, welke dimensies gemeten worden met de gouden meetstok. Het is om die reden dat de apostel Paulus bidt voor de gelovigen van Efeze, *"Opdat Christus door het geloof in uw harten woning make. Geworteld en gegrond in de liefde"* (Efeziërs 3:17).

Ten tweede, riet heeft hele zachte randen. Daar Jezus een zacht en zachtmoedig hart had, herinnerend aan het riet, Hij twistte of schreeuwde nooit. Zelfs wanneer anderen Hem bekritiseerden en vervolgden, ging Jezus niet debatteren, maar ging weg.

Daarom, zouden degene die hopen op het Nieuwe Jeruzalem zachtmoedige harten moeten hebben zoals Jezus. Wanneer je je onaangenaam voelt wanneer anderen je fouten aanwijzen of je berispen, betekent dat dat je nog een hard en trots hart hebt. Wanneer je een zacht en zachtmoedig hart hebt, zoals dons, kan je die dingen aannemen met vreugde, zonder dat je spijt hebt of ontevreden bent.

Ten derde, riet zwaait gemakkelijk door de wind, maar het breekt niet gemakkelijk. Na een sterke tyfoon, zijn sommige bomen ontworteld, maar riet breekt niet gemakkelijk, zelfs niet door sterke winden, omdat ze zacht zijn. De mensen van deze wereld, vergelijken soms de gedachten en harten van vrouwen met dat van riet, om het op een slechte manier uit te drukken, maar Gods vergelijking is het tegenovergestelde. Riet is zacht en ze hebben de schoonheid van hun elegantie, witte bloemen.

Omdat riet al deze aspecten heeft, zoals zachtheid, kracht, en schoonheid, kunnen ze de rechtvaardigheid van zekere

De Hemel II

oordelen symboliseren. Die kenmerken van riet, kunnen ook toegeschreven worden aan de staat van Israël. Israël heeft een relatief klein gebied, en bevolking, en is omringt met vijandige buren. Israël mag een zwak land lijken, maar het "breekt" nooit, onder geen enkele omstandigheid. Dat komt, omdat ze zo'n sterk geloof in God hebben, geloof welke geworteld is in de voorvaders van het geloof, inclusief Abraham. Ondanks dat het lijkt dat ze lichamelijk vergaan in een ogenblik, het geloof van de Israëlieten in God staat hen toe om standvastig te staan.

Evenzo, om het Nieuwe Jeruzalem binnen te mogen gaan, moeten wij het geloof hebben dat nooit wankelt, in geen enkele omstandigheid, nemende de wortel in Jezus Christus, die de Rots is, net zoals riet met sterke wortels.

Ten vierde, de stengels van riet zijn recht en glad, zodat ze vaak gebruikt worden om daken te maken, pijlen of pennen. De rechte stengels betekenen ook voorwaarts bewegen. Er wordt gezegd van geloof dat het "levend" is, alleen maar als het voortgang heeft. Degene die toenemen en zichzelf ontwikkelen zullen dag na dag groeien in hun geloof, en voorwaarts blijven gaan naar de hemel.

God selecteert die goede vaten die voorwaarts gaan naar de hemel, reinigt ze en maakt ze volkomen zodat deze mensen in staat zullen zijn om het Nieuwe Jeruzalem binnen te gaan. Daarom zouden we voorwaarts moeten gaan naar de hemel, zoals de bladeren die uitspruiten van het einde van een rechte stengel.

Ten vijfde, zoals vele dichters schrijven over de bloemen van riet, om een vredevol beeld weer te geven, is de verschijning van riet heel zacht en mooi, en hun bladeren zijn gracieus en elegant. Zoals 2 Korintiërs 2:15 zegt, *"Want wij zijn voor God een geur van Christus onder hen, die gered worden, en onder hen die verloren gaan,"* degene die staan op de rots van geloof geven de geur van Christus weer. Degene die dit soort hart hebben, hebben mooie en troostende gezichten, en mensen kunnen de hemel door hen heen ervaren. Daarom, om het Nieuwe Jeruzalem binnen te gaan, moeten we de mooie geur van Christus uitdragen, die zoals de zachte bloemen en de elegante bladeren van riet zijn.

Ten zesde, de bladeren van riet zijn dun en de randen zijn scherp genoeg om de huid te snijden, enkel door er rakelings langs te gaan. Op gelijke wijze, degene die geloof hebben moeten geen compromis met de zonde sluiten, maar moeten worden zoals de bladeren, door het kwade te verwerpen.

Daniel, die een minister was van het grote Perzië en geliefd was bij de koning, kwam tegenover een beproeving te staan, waardoor hij veroordeeld werd tot de leeuwenkuil, door slechte mensen die jaloers op hem waren. En toch, sloot hij geen compromis, maar hield zijn geloof vast. Als gevolg, zond God Zijn engel om de muilen van de leeuwen te sluiten, en stond Daniel toe om God op grote wijze te verheerlijken ten aanzien van de koning en al het volk.

God had behagen in het soort geloof dat Daniel had, dat soort welke geen compromis maakt met de wereld. Hij beschermt al degene die dit soort geloof hebben van allerlei soorten moeilijkheden en testen, en staat hen toe om Hem te verheerlijken in het einde. Hij zegent hen ook, en maakt hen *"de hoofd en niet de staart"* overal waar ze gaan (Deuteronomium 28:1-14).

Bovendien, zoals Spreuken 8:13 ons zegt, *"De vreze des*

De Hemel II

Heren is het kwade te haten," Als je zonde in je hart hebt, moet je het verwerpen door vurig te bidden en te vasten. Enkel wanneer je geen compromis maakt met de zonde, maar de zonde haat, zal je geheiligd worden en de bevoegdheid hebben om het Nieuwe Jeruzalem binnen te gaan.

We hebben de reden gezien waarom God de Stad van het Nieuwe Jeruzalem meet met de gouden meetstok door te kijken naar de zes kenmerken van het riet. Het gebruik van de meetstok staat ons toe om te weten dat God ons geloof accuraat meet en ons precies beloont naar datgene wat we gedaan hebben in dit leven, en dat Hij zijn beloften vervuld. Daarom hoop ik dat je zal beseffen dat je de kwalificaties moet bezitten door ze toe te passen in de geestelijke betekenis van de gouden meetstok, alle zonde verwerpt en het hart van de Here te bereiken.

2. Een kubusvormig Nieuw Jeruzalem

God heeft specifiek de grootte en vorm van het Nieuwe Jeruzalem opgenomen in de Bijbel. Openbaring 21:16 zegt ons, dat de Stad een kubus vorm heeft met vijftien honderd mijlen (12,000 stadia) in lengt, breedte en hoogte. Hier vragen sommigen zich misschien af," "Zullen we ons niet opgesloten voelen?" God, echter heeft het interieur van het Nieuwe Jeruzalem zo aangenaam en plezierig gemaakt. Ook, kan iemand niet door het Nieuwe Jeruzalem kijken als hij buiten staat. Met andere woorden, er is geen enkele reden om je ongemakkelijk of opgesloten te voelen binnen de muren.

Het Nieuwe Jeruzalem in de vorm van een vierkant

Wat dan, is de reden waarom God het Nieuwe Jeruzalem maakte in de vorm van een vierkant? Dezelfde lengtes en breedtes vertegenwoordigen orde, nauwkeurigheid, rechtvaardigheid en gerechtigheid van de Stad van het Nieuwe Jeruzalem. God beheerst alle dingen in orde, zodat de eindeloze sterren, de maan, de zon, het zonnestelsel, en de rest van het universum, precies en nauwkeurig bewegen zonder enige storing. Evenzo, heeft God de Stad van het Nieuwe Jeruzalem gemaakt in een vierkante vorm om uit te drukken dat Hij alle dingen en de geschiedenis in orde beheerst, en alles vervult tot het einde met nauwkeurigheid.

Het Nieuwe Jeruzalem heeft gelijke lengtes en breedtes, en twaalf poorten en twaalf fundamenten, drie aan iedere zijde. Dit symboliseert dat ongeacht waar we leven op deze aarde, de regels eerlijk toegepast zullen worden aan degene die bevoegd zijn om het nieuwe Jeruzalem binnen te gaan. Dat wil zeggen, mensen die gekwalificeerd zijn door de meting van de gouden meetstok, zullen het Nieuwe Jeruzalem binnen gaan, ongeacht hun geslacht, leeftijd of ras.

Dat komt omdat God, met Zijn eerlijke en rechtvaardige karakter, nauwkeurig oordeelt met gerechtigheid en de kwalificaties meet om het Nieuwe Jeruzalem binnen te gaan. Bovendien, vertegenwoordigt een vierkant noord, zuid, oost en west. God heeft het Nieuwe Jeruzalem gemaakt, en roept Zijn volmaakte kinderen, die gered zijn met geloof, onder alle naties vanuit alle vier de richtingen.

Openbaring 21:16 zegt, *"En de stad lag in het vierkant en haar lengte was even groot als haar breedte; en hij mat de stad op met de stok: twaalfduizend stadiën; haar lengte, haar breedte en haar hoogte waren gelijk."*

Ook, zegt Openbaring 21:17, *"En hij mat haar muur op,: honderdvierenveertig el, mensenmaat, die engelenmaat is."*

De muur van de Stad van het Nieuwe Jeruzalem is tweeënzeventig yards dik. "Tweeënzeventig yards" is omgerekend ongeveer "144 cubits" of 65 meter, of 213 voet. Terwijl de Stad van het Nieuwe Jeruzalem enorm is, zijn de muren ook onvergelijkbaar dik.

Hoofdstuk 4

Gemaakt van zuiver goud en edelstenen van allerlei kleuren

1. Versierd met zuiver goud en allerlei soorten edelstenen
2. De muren van het Nieuwe Jeruzalem zijn gemaakt van diamant
3. Gemaakt van zuiver goud zo helder als glas

*En de bouwstof van haar muur was
diamant, en de stad van zuiver goud,
gelijk zuiver glas.*
- Openbaring 21:18 -

Veronderstel dat je alle rijkdom en autoriteit had om een huis te bouwen waar jij en je geliefde voor eeuwig zouden leven. Hoe zou jij het dan willen ontwerpen? Welke bouwstoffen zou jij gebruiken? Ongeacht wat het kost, hoe lang het duurt, en hoeveel mankracht die je nodig zou hebben om het te bouwen. Je zou het waarschijnlijk bouwen op een mooie en liefelijke wijze.

Evenzo, zou, onze Vader God niet het Nieuwe Jeruzalem mooi willen bouwen en versieren, met de beste bouwstoffen van de hemel om daar te verblijven met Zijn liefdevolle kinderen, voor eeuwig? Bovendien, heeft iedere bouwstof van de hemel een andere betekenis, om de tijden te erkennen waar in we volhard hebben in geloof en liefde op deze aarde, en alles is daar prachtig.

Het is enkel normaal voor degene die verlangen naar het Nieuwe Jeruzalem, diep in hun hart, om meer te weten over het Nieuwe Jeruzalem.

God kent de harten van die mensen en heeft ons verschillende stukken informatie gegeven over het Nieuwe Jeruzalem, inclusief de grootte, de vorm en zelfs de dikte van de muren, staan in detail in de Bijbel.

Waar, is de Stad van het Nieuwe Jeruzalem van gemaakt?

1. Versierd met zuiver goud en allerlei soorten edelstenen

Het Nieuwe Jeruzalem, welke God heeft voorbereid voor Zijn kinderen, is gemaakt van zuiver goud, dat nooit veranderd en versierd met andere edelstenen. In de hemel zijn er geen bouwstoffen zoals het vuil op deze aarde, welke veranderen gedurende de tijd. De wegen in het Nieuwe Jeruzalem zijn gemaakt van zuiver goud en de fundamenten met edelstenen. Als het zand van de oevers van de rivier van het water des levens van goud en zilver zijn, hoe fantastischer zullen de bouwstoffen van andere gebouwen zijn?

Het Nieuwe Jeruzalem: Gods meesterwerk

Onder alle wereldberoemde gebouwen, verschillen ieder hun glans, waarde, lieflijkheid en delicatesse, van de ene structuur tot de andere afhankelijk van de bouwstoffen die gebruikt zijn om ze te bouwen. Marmer is stralender, eleganter en mooier dan zand, hout of cement.

Kan jij je voorstellen, hoe mooi en prachtig het zou zijn als je een gebouw volledig bouwt met goud en edelstenen? Bovendien, hoeveel mooier en fantastischer zullen de gebouwen in de hemel zijn, die gemaakt zijn van de mooiste bouwstoffen!

Het goud en de edelstenen in de hemel, gemaakt door Gods kracht zijn heel verschillend in hun kwaliteit, kleur en de verfijning van degene hier op aarde. Hun reinheid en het licht dat zo mooi schijnt, kan niet uitgedrukt worden in woorden.

Zelfs op deze aarde, kunnen vele soorten vaten gemaakt zijn van dezelfde klei. Ze kunnen duur China zijn of goedkoop kleiwaar afhankelijk van het soort klei en het niveau van vaardigheden van de pottenbakker. Het nam duizenden jaren voor God om het Nieuwe Jeruzalem te bouwen, Zijn meesterwerk, welke gevuld is met de prachtige, kostbare en volmaakte glorie van de Architect van de Stad.

Zuiver goud staat voor geloof en eeuwig leven

Zuiver goud is honderd procent goud, zonder enige onzuiverheid, en is het enige ding wat nooit veranderd op deze aarde. Mede door deze aard, gebruiken vele landen het als de standaard voor hun munten en wisselkoers, en het wordt gebruikt voor de decoratie en ook voor industriële doeleinden. Zuiver goud wordt gezocht en is geliefd bij vele mensen.

De reden waarom God ons goud gaf op aarde is om ons te laten beseffen dat er dingen zijn die nooit veranderen, en dat een eeuwige wereld niet bestaat. De dingen van deze aarde verslijten en veranderen wanneer de tijd verstrijkt. Als we alleen maar zulke dingen hadden, zou het moeilijk voor ons zijn om te geloven dat er een eeuwige hemel is met onze beperkte kennis.

Dit is de reden waarom God ons toestaat om te weten dat er eeuwige dingen zijn door dit goud wat nooit veranderd. Het is aan ons om te beseffen dat er iets is wat nooit veranderd en om hoop te hebben voor de eeuwige hemel. Zuiver goud staat voor het geestelijke geloof dat nooit veranderd. Daarom, als je wijs bent, zal je proberen om geloof te verkrijgen dat lijkt op het nooit veranderende zuiver goud.

Er zijn vele dingen die gemaakt zijn van zuiver goud in de hemel. Stel je voor hoe dankbaar we zullen zijn om enkel en alleen maar een kijkje te nemen in de hemel, gemaakt van zuiver goud, welke wij als het kostbaarste hebben beschouwd in ons leven op deze aarde!

En toch, degene die onwijs zijn, koesteren goud, in de

betekenis van toename of om hun rijkdom te laten zien. Derhalve, blijven zij weg van God en hebben Hem niet lief, en ze zullen uiteindelijk vallen in de poel des vuurs of brandend zwavel in de hel, en eeuwig spijt hebben: "Ik zou niet in de hel geleden hebben, als ik het geloof zo kostbaar had beschouwd als goud."

Daarom hoop ik dat je wijs zal zijn en de hemel zal bezitten door te proberen om het onveranderlijke geloof te bereiken, niet het goud van deze wereld, dat je zal moeten verlaten, eens als je leven hier op aarde eindigt.

Edelstenen staan voor Gods glorie en liefde

Edelstenen zijn stevig en hebben een hoge index van straalbreking. Ze hebben en geven mooie kleuren en lichten. Daar er niet vele van geproduceerd zijn, zijn ze geliefd door vele mensen en worden ze als kostbaar beschouwd. In de hemel, zal God degene bekleden die de hemel bezitten door geloof met fijn linnen en hen versieren met vele edelstenen om Zijn liefde uit te drukken.

Mensen houden van edelstenen en proberen er mooier uit te zien door zich te versieren met verschillende versieringen. Hoe liefelijk zou het zijn wanneer God je vele briljante edelstenen geeft in de hemel?

Iemand vraagt misschien, "Waarom hebben we edelstenen nodig in de hemel?" Edelstenen in de hemel vertegenwoordigen, Gods glorie, en de hoeveelheid van edelstenen die iemand als beloning ontvangen heeft, vertegenwoordigd de mate van Gods liefde voor die persoon.

Er zijn talloze soorten en kleuren van edelstenen in de hemel. Voor de twaalf fundamenten van het Nieuwe Jeruzalem, zijn er saffier van een transparante donker blauwe kleur; smaragd van transparant groen; robijn van donker rood; en chrysoliet van transparant geelachtig groen. Beril is van blauwachtig groen dat ons herinnert aan helder zeewater; en topaas heeft een milde oranje kleur. Chrysopraas is van semi-transparant donker groen; en de amethist heeft een lichte violette of donker paarse kleur.

Nog andere dan deze, zijn de ontelbare edelstenen die mooie kleuren hebben en uitstralen zoals diamant, lazuursteen, sardonyx, en robijn. Al deze edelstenen hebben andere namen en betekenissen, net zoals edelstenen hier op aarde. De kleuren en de namen van elke edelsteen verenigen zich om de waardigheid, trots, waarde en de glorie te laten zien.

Net zoals edelstenen hier op aarde verschillende kleuren en lichten uitstralen op verschillende engelen, hebben edelstenen in de hemel verschillende lichten en kleuren en vooral de edelstenen in het Nieuwe Jeruzalem stralen en reflecteren tweevoudige of drievoudige lichten.

Zeer opmerkelijk, zijn die edelstenen mooier, ze gaan elke vergelijking te boven, dan degene die hier op aarde gevonden worden, omdat God zelf het erts gepolijst heeft met de kracht van de schepping. Dat is de reden waarom de apostel Johannes zei dat de schoonheid van het Nieuwe Jeruzalem lijkt op de kostbaarste stenen.

Ook geven de edelstenen in het Nieuwe Jeruzalem veel mooier licht dan degene van andere verblijfplaatsen, omdat Gods kinderen die het Nieuwe Jeruzalem binnen zullen gaan,

Gods hart bereikt hebben en Hem de glorie geven. Dus, zowel de binnenkant als de buitenkant van het Nieuwe Jeruzalem zijn versierd met vele soorten mooie edelstenen van verschillende kleuren. En toch, worden deze edelstenen niet aan iedereen gegeven, maar als beloning gegeven overeenkomstig ieders daden van geloof op deze aarde.

2. De muren van het Nieuwe Jeruzalem zijn gemaakt van diamant

Openbaring 21:18 zegt ons dat de muren van het Nieuwe Jeruzalem, gemaakt zijn van "diamant." Kan jij je voorstellen hoe prachtig de muren van het Nieuwe Jeruzalem zullen zijn die geheel gemaakt zijn van diamant?

Diamant staat voor geestelijk geloof

Diamant die gevonden wordt op deze aarde is gebruikelijk een vaste en matte steen. Zijn kleuren kunnen variëren, van groen, rood tot gelig groen. Sommige van zijn kleuren zijn gemengd of sommige hebben vlekken. Afhankelijk van de kleur, verschilt de vastheid. Diamant is betrekkelijk goedkoop en sommige breken heel gemakkelijk, maar hemelse diamant gemaakt door God, veranderd of breekt nooit. Hemelse diamant heeft een blauwachtige witte kleur en is transparant, zodat het voelt alsof je kijkt naar een lichaam in helder water. Ondanks het feit dat het niet vergeleken kan worden met iets van deze aarde, lijkt het op stralend, blauwachtig weerkaatsend zonlicht tegen de golven in de oceaan.

Dit diamant staat voor geestelijk geloof. Geloof is het meest essentiële en fundamentele element in het leiden van een Christelijk leven. Zonder geloof kan je noch redding ontvangen, noch God behagen. Bovendien, zonder het soort geloof wat God behaagd, kan je het Nieuwe Jeruzalem niet binnengaan.

Daarom is de stad van het Nieuwe Jeruzalem gebouwd met geloof, en de edelsteen die de kleur van dit geloof uitdrukt is diamant. Dat is de reden waarom de muren van het Nieuwe Jeruzalem gemaakt zijn van diamant.

Als de Bijbel ons zegt "De muren van het Nieuwe Jeruzalem zijn gemaakt met geloof," zouden mensen dan in staat zijn om zo'n uitdrukking te begrijpen? Natuurlijk kan het niet begrepen worden met menselijk denken en het zou heel moeilijk zijn voor mensen om ook maar te proberen een voorstelling te maken van hoe mooi het Nieuwe Jeruzalem gedecoreerd is.

De muren gemaakt van diamant schijnen helder met het licht van Gods glorie en zijn versierd met vele patronen en ontwerpen.

De Stad van het Nieuwe Jeruzalem is het meesterwerk van God, de Schepper en de plaats van eeuwige rust voor het beste vrucht van de 6,000 jaar van menselijke ontwikkeling. Hoe prachtig, mooi, en stralend zal die Stad zijn?

We moeten beseffen dat het Nieuwe Jeruzalem gemaakt is met de beste technologie en uitrusting, welke werktuigkundig zelfs niet doorgrond kan worden.

Ook al zijn de muren transparant, de binnenzijde is niet zichtbaar voor de buitenzijde. Dit betekent echter niet dat de mensen binnen in de Stad zich opgesloten zullen voelen binnen de muren van stad. De bewoners van het Nieuwe Jeruzalem, kunnen buiten de stad kijken en dit voelt aan alsof er geen muren zijn. Hoe wonderlijk zal dat zijn!

3. Gemaakt van zuiver goud zo helder als glas

Het laatste deel van Openbaring 21:18 zegt, *"En de stad was zuiver goud, gelijk zuiver glas."* Laat ons nu even de kenmerken beschouwen van goud om onszelf te helpen voor stellen het Nieuwe Jeruzalem en haar schoonheid te bevatten.

Zuiver goud heeft een onveranderlijke waarde

Goud oxideert niet gemakkelijk in lucht of water. Het veranderd niet, ook niet na langere tijd, en laat geen chemische reactie zien in combinatie met andere stoffen. Goud blijft altijd hetzelfde, mooi en stralend. Het goud van deze aarde is te zacht, dus we maken een mengsel; in de hemel, is goud niet te zacht. Goud en andere edelstenen geven ook in de hemel verschillende kleuren en hebben een andere vastheid dan datgene dat op aarde gevonden worden, omdat ze het licht van Gods glorie ontvangen.

Zelfs op deze aarde, verschillen de elegantie en waarde van edelstenen overeenkomstig de vaardigheid en de techniek van de vakman. Hoe kostbaar en mooi zullen de edelstenen in het Nieuwe Jeruzalem zijn, daar zij aangeraakt en gegraveerd zijn door God zelf? Er is geen hebzucht of verlangen naar schoonheid en goede voorwerpen in de hemel. Op deze aarde, zijn mensen geneigd om edelstenen te verkwisten en te pronken, maar in de hemel houden ze geestelijk van edelstenen omdat ze de geestelijke betekenis ervan kennen, en begrijpen de liefde van God die de hemel bereid en gedecoreerd heeft met mooie edelstenen.

God maakte het Nieuwe Jeruzalem met zuiver goud

Waarom dan heeft God de Stad van het Nieuwe Jeruzalem gemaakt met zuiver goud, gelijk aan zuiver glas? Zoals al eerder uitgelegd, staat zuiver goud geestelijk voor geloof, hoop wat geboren is uit geloof, rijkdom, eer en autoriteit. "Hoop geboren door geloof" betekent dat je redding kan ontvangen, hoop voor het Nieuwe Jeruzalem, je zonde kan verwerpen, er naar kan streven om je te heiligen, en voorwaarts te kijken naar de beloningen met hoop, omdat je geloof hebt.

Daarom, heeft God de Stad gemaakt van zuiver goud, zodat degene die er binnen gaan met hartstochtelijke hoop voor eeuwig gevuld zouden zijn met dankbaarheid en vreugde.

Openbaring 21:18 zegt ons dat het Nieuwe Jeruzalem is "gelijk zuiver glas." Dit is om uit te drukken hoe helder en fijn het tafereel van het nieuwe Jeruzalem is. Het goud in de hemel is zuiver en helder als glas, in tegenstelling tot het matte goud wat hier op aarde gevonden wordt.

Het Nieuwe Jeruzalem is zuiver en fijn en zonder enige vlek, omdat het gemaakt is van zuiver goud. Dat is de reden waarom de apostel Johannes de stad beschreef als *"zuiver goud, gelijk zuiver glas."*

Probeer je de Stad van het Nieuwe Jeruzalem voor te stellen, gemaakt van zuiver, fijn goud en vele soorten van mooie edelstenen met vele kleuren.

Nadat ik de Here aannam, beschouwde ik goud of edelstenen als gewone stenen en verlangde nooit om ze te bezitten. Ik was vol van hoop naar de hemel, en hield niet van de dingen van deze wereld. En toch, wanneer ik bad, om meer over de hemel te leren, zei de Here tot mij, "In de hemel is alles gemaakt van mooie edelstenen en goud, je zou er van moeten houden." Hij bedoelde niet dat ik ze nu moest gaan verzamelen. In plaats daarvan, begreep ik Gods voorzienigheid en de geestelijke betekenis van de edelstenen en van ze te houden op de wijze zoals God ze zag.

Ik spoor je aan om geestelijk te houden van goud en edelstenen. Wanneer je goud ziet, denk je misschien, "Ik zou geloof moeten hebben als zuiver goud." Wanneer je andere edelstenen ziet, kan je hopen op de hemel, en zeggen, "Hoe mooi zal mijn huis in de hemel zijn?"

Ik bid in de naam van de Here Jezus Christus dat je een hemels huis mag bezitten, gemaakt van onveranderlijk goud en prachtige edelstenen door geloof te verkrijgen als zuiver goud en te rennen naar de hemel.

Hoofdstuk 5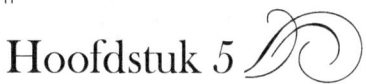

De betekenis van de twaalf fundamenten

1. Diamant: Geestelijk geloof
2. Saffier: Oprechtheid en integriteit
3. Sardius: Onschuld en opofferende liefde
4. Smaragd: Gerechtigheid en reinheid
5. Sardonyx: Geestelijke getrouwheid
6. Robijn: Gepassioneerde liefde
7. Chrysoliet: Genade
8. Beril: Geduld
9. Topaas: Geestelijke goedheid
10. Chrysopraas: Zelfbeheersing
11. Lazuursteen: Reinheid en heiligheid
12. Amethist: Schoonheid en zachtmoedigheid

En de fundamenten van de muur der stad waren met allerlei edelgesteente versierd. Het eerste fundament was diamant, het tweede lazuursteen, het derde robijn, het vierde smaragd, het vijfde sardonyx, het zesde sardius, het zevende topaas, het achtste beril, het negende chrysoliet, het tiende chrysopraas, het elfde saffier, en het twaalfde amethist.

- Openbaringen 21:19-20 -

De apostel Johannes schreef tot in detail over de twaalf fundamenten. Waarom maakte Johannes zo'n gedetailleerd verslag over het Nieuwe Jeruzalem? God wil dat Zijn kinderen het eeuwige leven en echt geloof bezitten, door de geestelijke betekenissen van de twaalf fundamenten van het Nieuwe Jeruzalem te kennen.

Waarom dan maakte God de twaalf fundamenten met twaalf kostbare edelstenen? De combinatie van de twaalf kostbare edelstenen vertegenwoordigen het hart van Jezus Christus en God, het hoogtepunt van liefde. Dus, wanneer je de geestelijke betekenis van ieder van de twaalf kostbare edelstenen begrijpt, zou je gemakkelijk moeten kunnen onderscheiden hoeveel je hart gelijkt op het hart van Jezus Christus, en in hoeverre je voldoet aan de vereisten om het Nieuwe Jeruzalem binnen te gaan.

Laat ons nu eens de twaalf kostbare edelstenen en hun geestelijke betekenissen onderzoeken.

1. Diamant: Geestelijk geloof

Diamant, het eerste fundament van de muren van het Nieuwe Jeruzalem, staat voor geestelijk geloof. Geloof kan over het algemeen onderverdeeld worden in "geestelijk geloof" en "vleselijk geloof." Terwijl vleselijk geloof, geloof is dat gevuld is met kennis, is geestelijk geloof het geloof dat gepaard gaat met daden die voortkomen vanuit het diepst van iemands hart. Wat God wil is niet vleselijk geloof, maar geestelijk geloof. Wanneer je geen geestelijk geloof hebt, zal jouw "geloof" niet gepaard gaan met daden, en kun je God niet behagen noch het Nieuwe Jeruzalem binnengaan.

Geestelijk geloof is de basis van een christelijk leven

Geestelijk geloof verwijst naar het soort van geloof waarmee iemand het gehele Woord van God kan geloven vanuit het diepst van zijn hart. Wanneer je dit soort van geloof hebt, welke door daden wordt gevolgd, zal je proberen om geheiligd te worden en rennen naar het Nieuwe Jeruzalem. Geestelijk geloof is het belangrijkste bestanddeel om een christelijk leven te leiden. Zonder geloof kun je niet gered worden, geen antwoord op je gebeden ontvangen, of hoop hebben voor de hemel.

Hebreeën 11:6 herinnert ons, *"Maar zonder geloof is het onmogelijk Hem welgevallig te zijn. Want wie tot God komt, moet geloven, dat Hij bestaat en een Beloner is voor wie Hem ernstig zoeken."* Wanneer je echt geloof hebt, zal je geloven in God, die je beloont, en dan kan je getrouw zijn, vechten tegen de zonden om ze te verwerpen en de smalle weg bewandelen. En je zal in staat zijn om ijverig het goede te doen en het Nieuwe Jeruzalem binnen te gaan door de Heilige Geest te volgen.

Dus geloof is de basis van een christelijk leven. Net zoals een gebouw niet veilig is zonder een standvastig fundament, kan je geen normaal christelijk leven leiden zonder standvastig geloof. Daarom spoort Judas 1:20-21 ons aan, *"Maar gij geliefden, bewaart uzelf in de liefde Gods, door uzelf op te bouwen in uw allerheiligst geloof en door te bidden in de Heilige Geest, verwachtende de ontferming van onze Heer Jezus Christus ten eeuwigen leven."*

Abraham, de vader van geloof

De beste Bijbelse figuur die onveranderlijk geloofde in het Woord van God en de daden van volkomen gehoorzaamheid liet zien, is Abraham. Hij werd "de vader van geloof" genoemd, omdat hij volmaakte daden van onveranderlijk geloof liet zien.

Hij ontving een woord van grote zegen van God, toen hij 75 was. Het was de belofte dat God door Abraham een grote natie zou maken en dat Abraham de bron van zegen zou zijn. Hij geloofde dit woord en verliet zijn geboorteplaats, maar hij kon voor meer dan 20 jaar geen zoon krijgen, die zijn erfgenaam zou worden.

Er was zoveel tijd verstreken dat Abraham en zijn vrouw, Sara beiden te oud werden om kinderen te krijgen. Zelfs in dit soort situatie, zegt Romeinen 4:19-20 dat *"hij niet twijfelde door ongeloof."* Hij groeide sterk in geloof, en geloofde de beloften van God volkomen; zodat hij toch op 100 jarige leeftijd zijn zoon Isaak verkreeg.

Maar er was nog een gelegenheid waar Abraham zijn geloof op een nog stralendere wijze liet zien. Dat was toen God Abraham beval om zijn enige zoon, Isaak, te offeren als een brandoffer. Abraham twijfelde niet aan het Woord van God, zeggende dat God hem talloze nakomelingen zou geven door Isaak. Omdat hij een standvastig geloof had in het Woord van God, dacht hij dat God Isaak zou opwekken, zelfs als hij hem had geofferd als een brandoffer.

Om die reden gehoorzaamde hij onmiddellijk het Woord van God. Hierdoor, werd Abraham nog meer bekwaam om de vader van geloof te worden. Ook door de nakomelingen van Abraham, werd de natie Israël gevormd. Het betekent dat de vrucht van zijn geloof ook overvloedig werd gedragen in het vlees. Omdat hij God en Zijn Woord geloofde, gehoorzaamde hij het zoals het hem werd verteld. Dit is een voorbeeld van geestelijk geloof.

Petrus ontving de sleutels van het koninkrijk van de hemel

Laat ons eens kijken naar een individu die dat soort geestelijk geloof had. Wat voor soort geloof had de apostel Petrus, zodat zijn naam, geschreven werd op een van de fundamenten van het Nieuwe Jeruzalem? Zelfs nog voordat hij geroepen werd als een discipel, weten we dat Petrus Jezus gehoorzaamde; bijvoorbeeld, toen Jezus hem zei om de netten uit te werpen, deed hij dat onmiddellijk (Lucas 5:3-6). Ook, toen Jezus hem vroeg om een ezel en haar veulen te brengen gehoorzaamde hij in geloof (Mattheüs 21:1-7). Petrus gehoorzaamde Jezus toen Hij zei dat hij naar het meer moest gaan, om een vis te vangen, en er een munt uit te halen (Mattheüs 17:27). Bovendien, wandelde hij zoals Jezus over het water, ook al was het maar voor een kort ogenblik. We kunnen het idee hebben dat Petrus een groot geloof had.

Als gevolg, achtte Jezus Petrus' geloof rechtvaardig en gaf hem de sleutels van het koninkrijk van de hemel, zodat alles wat gebonden werd op aarde gebonden zou zijn in de hemel, en alles wat ontbonden werd op aarde, in de hemel ontbonden zou zijn (Mattheüs 16:19). Petrus bereikte een volmaakter geloof, nadat hij de Heilige Geest ontving, en vrijmoedig getuigde over Jezus Christus, en zichzelf toewijdde voor het Koninkrijk van God, voor de rest van zijn leven, totdat hij een martelaar werd.

We behoren voor uit te gaan naar de hemel, gelijk Petrus dat deed, God de glorie geven, en het Nieuwe Jeruzalem bezitten met het geloof wat Hem kan behagen.

2. Saffier: Oprechtheid en integriteit

Saffier, het tweede fundament van de muren van het Nieuwe Jeruzalem, geeft een transparante, donkerblauwe kleur. Wat is dan de geestelijke betekenis van saffier? Het staat voor oprechtheid, en integriteit van de waarheid zelf, wat standvastig staat tegen de verleidingen of bedreigingen van deze wereld. Saffier is een steen wat staat voor het licht van de waarheid wat recht blijft gaan zonder te veranderen en het "oprechte hart" dat alles met betrekking tot Gods wil nauwkeurig oordeelt.

Daniël en zijn drie vrienden

Een goed voorbeeld van de geestelijke oprechtheid en integriteit in de Bijbel wordt gevonden in Daniël en zijn drie vrienden – Sadrak, Mesak en Abednego. Daniël maakte geen compromis met iets wat niet in overeenstemming was met Gods gerechtigheid, zelfs al was het een bevel van de koning. Daniël hield vast aan zijn gerechtigheid voor God, totdat hij in de leeuwenkuil geworpen werd. God had zo'n behagen in de integriteit van Daniëls geloof dat Hij Daniël beschermde door engelen te zenden om de muilen van de leeuwen te sluiten, en stond hem toe om God op een grote wijze te verheerlijken.

Daniël 3:16-18 zegt dat Daniëls drie vrienden zich ook vastklampten aan hun geloof met hun oprechte harten totdat ze in de brandende vuuroven werden geworpen. Om niet de zonde van het aanbidden van afgoden te begaan, beleden ze vrijmoedig het volgende voor de koning:

> *O Nebukadnesar, wij achten het niet nodig u hierop enig antwoord te geven. Indien onze God, die wij vereren, in staat is ons te bevrijden, dan zal Hij ons uit de brandende vuuroven, en uit uw macht, o koning, bevrijden; maar zelfs indien niet – het zij u bekend, o koning, dat wij uw goden niet vereren, en het gouden beeld dat gij hebt opgericht, niet aanbidden.*

Tenslotte, ondanks dat ze in een oven werden geworpen die zevenmaal heter was dan normaal, werden Daniëls drie vrienden zelfs niet verschroeid, ook niet een klein beetje, omdat God met hen was. Hoe wonderlijk is het dat zelfs niet een haar van hun hoofd was geraakt en ze zelfs niet naar brandlucht roken! De koning die getuige van dit alles was, gaf glorie aan God en gaf de drie vrienden van Daniël een promotie.

Wij zouden in geloof moeten vragen, zonder enige twijfel

Jakobus 1:6-8 vertelt ons hoezeer God harten haat die niet oprecht zijn:

Maar hij moet bidden in geloof, in geen enkel opzicht twijfelende, want wie twijfelt, gelijkt op een golf der zee, die door de wind aangedreven en opgejaagd wordt. Want zulk een mens moet niet menen, dat hij iets van de Here zal ontvangen, innerlijk verdeeld als hij is, ongestadig op al zijn wegen.

Als wij geen oprechte harten hebben en zelfs maar een klein beetje twijfelen, zijn wij verdeeld. Degene die twijfelen, zijn geneigd om gemakkelijk geschud te worden door de verleidingen van deze wereld, omdat ze onoplettend en geslepen zijn. Bovendien, kunnen degene die "verdeeld" zijn Gods glorie niet zien, omdat ze niet in staat zijn om zowel geloof als gehoorzaamheid te laten zien. Daarom worden wij herinnerd aan het volgende in Jakobus 1:7, *"Want zulk een mens moet niet menen, dat hij iets van de Here zal ontvangen."*

Vlak nadat ik mijn gemeente had opgericht, stierven alle drie mijn dochters bijna aan een koolstofmonoxide vergiftiging. En toch was ik niet bezorgd en dacht er helemaal niet over na om ze naar het ziekenhuis te brengen, omdat ik volledig geloofde in de almachtige God. Ik ging eenvoudig naar het heiligdom en knielde neer om te bidden in dankbaarheid. Daarna, bad ik in geloof, "Ik beveel in de naam van Jezus Christus! Giftige gassen, wijk!" Toen stonden mijn dochters, die bewusteloos waren, een voor een, onmiddellijk op terwijl ik voor elk van hen bad. Enkele gemeenteleden die er getuige van waren, waren zo verbaasd en vreugdevol, en verheerlijkten God.

Als we dit geloof hebben dat nooit compromitteert met deze

wereld en oprechte harten hebben die God behagen, kunnen we Hem onbegrensd verheerlijken en gezegende levens leiden in Christus.

3. Sardius: Onschuld en opofferende liefde

Sardius, het derde fundament van de muren van het Nieuwe Jeruzalem, symboliseert geestelijk onschuld en opofferende liefde.

Onschuld is de staat waarin iemand rein en onbevlekt in zijn daden is en het hart dat geen fouten heeft. Wanneer iemand in staat is om zichzelf te offeren met deze reinheid van hart, is dat het hart van de geest dat sardius bevat.

Opofferende liefde is een soort liefde, dat nooit iets terugvraagt als het gaat om de gerechtigheid en het koninkrijk van God. Als iemand opofferende liefde heeft, zal hij al tevreden zijn met het feit dat hij anderen liefheeft in elke situatie en niets terugverwacht. Dat komt omdat het geestelijke niets zoekt voor het eigen voordeel, maar enkel het goed van anderen zoekt.

Met vleselijke liefde, zal iemand zich echter leeg, droevig, en verbroken van hart voelen, als anderen hem geen liefde teruggeven, want de kern van dit soort liefde is zelfgericht. Daarom kan iemand met vleselijke liefde zonder een opofferend hart, uiteindelijk anderen haten of vijanden worden met degenen waarmee ze normaal intiem waren.

Daarom moeten we beseffen dat ware liefde de liefde van de Here is, die de gehele mensheid liefhad en een verzoenend offer werd.

Opofferende liefde dat niets terugverwacht

Onze Heer Jezus, die in Gods natuur was, maakte zichzelf tot niets, en vernederde zichzelf en kwam naar deze aarde in het vlees om de gehele mensheid te redden. Hij werd in een stal geboren, en in een kribbe gelegd om de mensen, die als dieren zijn, te redden, en leidde een arm leven tijdens zijn leven, om ons te redden van armoede. Jezus genas de zieken, bekrachtigde de zwakke, gaf hoop aan de hopeloze, en werd bevriend met de verschoppelingen. Hij toonde ons enkel goedheid en liefde, maar daarom werd Hij bespot, en geslagen en uiteindelijk gekruisigd, dragende de doornenkroon op Zijn hoofd, door slechte mensen die niet beseften dat Hij gekomen was als onze Redder.

Jezus, zelfs terwijl Hij leed van de pijn van de kruisiging, bad tot God, de Vader in liefde voor degenen die Hem bespotten en kruisigden. Hij was onberispelijk en zonder smet, maar offerde Zichzelf voor de mensheid, die zondaars zijn. Onze Heer, gaf Zijn opofferende liefde aan de gehele mensheid, en wil dat iedereen elkaar liefheeft. Dus, wij die dit soort liefde ontvangen hebben van de Here, zouden niet moeten willen of iets terug mogen verwachten, als we het werkelijk in liefde doen voor anderen.

Ruth toonde opofferende liefde

Ruth was geen Israëlitische, maar een Moabitische vrouw. Ze was getrouwd met een zoon van Naomi, die in het land van Moab kwam wonen om te ontkomen aan de hongersnood in Israël. Naomi had twee zonen, en beiden trouwden met een Moabitische vrouw. Maar beide zonen stierven ook daar.

Onder deze toestanden, toen Naomi hoorde dat de hongersnood in Israël voorbij was, wilde zij terugkeren naar Israël. Naomi stelde voor aan haar schoondochters dat zij in Moab, hun geboorteland zouden blijven. Een van hen weigerde eerst, maar uiteindelijk ging ze terug naar haar ouders. Maar Ruth bleef volhouden dat ze haar schoonmoeder zou volgen. Als Ruth geen opofferende liefde had gehad, dan zou zij dit niet hebben gedaan. Ruth moest haar schoonmoeder ondersteunen, omdat ze heel oud was. Bovendien, zou ze gaan leven in een totaal vreemd land voor haar. Er was geen beloning voor haar, ondanks dat ze haar schoonmoeder heel goed diende.

Ruth toonde de opofferende liefde voor haar schoonmoeder waarmee ze geen bloedverwante was, en die dus eigenlijk als een volkomen vreemdeling voor haar was. Dat kwam omdat Ruth ook in de God geloofde waar haar schoonmoeder in geloofde. Het betekent dat de opofferende liefde van Ruth niet zomaar voortkwam vanuit haar plichtsgevoel. Het was geestelijke liefde die voortkwam vanuit haar geloof in God.

Ruth kwam samen met haar schoonmoeder aan in Israël en werkte heel hard. Gedurende de dag, ging zij naar de velden om eten te verzamelen en diende haar schoonmoeder ermee. Deze oprechte daad van goedheid werd natuurlijk bekend bij de mensen daar. Uiteindelijk ontving Ruth vele zegeningen door Boaz, die de mannelijke bloedverwant – losser was van de familie van haar schoonmoeder.

Vele mensen denken dat, wanneer zij zichzelf vernederen en opofferen, hun waarde ook zal verminderen. Om die reden kunnen zij zichzelf niet opofferen of vernederen. Maar degenen die zichzelf opofferen zonder enig zelfzuchtig motief, met een zuiver hart, zullen geopenbaard worden aan God en de mensen. De goedheid en liefde zal voor anderen schijnen als geestelijke lichten. God vergelijkt het licht van deze opofferende liefde, met het licht van de sardius, de derde steen van het fundament.

4. Smaragd: Gerechtigheid en reinheid

Smaragd, het vierde fundament van de muren van het Nieuwe Jeruzalem, is groen en symboliseert de schoonheid en de tederheid van de groene natuur. Smaragd, symboliseert gerechtigheid en reinheid en staat voor de vrucht van licht zoals geschreven staat in Efeziërs 5:9, *"Want de vrucht des lichts bestaat in louter goedheid en gerechtigheid en waarheid."* De kleur die de harmonie van "alle goedheid en gerechtigheid en waarheid" heeft, is hetzelfde als het geestelijke licht van emerald. Alleen wanneer we alle goedheid, gerechtigheid en waarheid hebben, kunnen wij echte gerechtigheid hebben in de ogen van God.

Het kan niet alleen goedheid zijn zonder gerechtigheid of alleen maar gerechtigheid zonder goedheid. En die goedheid en gerechtigheid moeten ook waarachtig zijn. De waarheid is iets dat nooit verandert. Daarom, zelfs wanneer wij goedheid en gerechtigheid hebben, is het onbeduidend als het zonder waarachtigheid is.

De "gerechtigheid" die God erkent, is het verwerpen van

de zonde, het onderhouden van alle geboden die in de Bijbel gevonden worden, het reinigen van allerlei onrechtvaardige zaken, getrouw zijn met zijn hele leven, en dergelijke. Ook Gods koninkrijk en gerechtigheid zoeken, overeenkomstig Gods wil, recht en gedisciplineerd handelen, niet afdwalend van gerechtigheid, standvastig staan in het recht, en het overige behoren ook tot de "gerechtigheid" die door God wordt erkend.

Ongeacht, hoe zachtmoedig en goed we misschien ook zijn, we zullen niet de vrucht des lichts dragen tenzij we rechtvaardig zijn. Veronderstel dat iemand je vader bij de keel grijpt, en hem beledigd, ondanks dat hij onschuldig is. Wanneer jij stil blijft en kijkt hoe je vader lijdt, kunnen we dat geen echte gerechtigheid noemen; je kan niet zeggen dat je je plicht vervuld hebt als zoon ten opzichte van je vader.

Daarom, goedheid, zonder gerechtigheid, is geen geestelijke "goedheid" in Gods ogen. Hoe kan een stiekem en onbeslist denken goed zijn? Omgekeerd, kan ook gerechtigheid zonder goedheid niet beschouwd worden als "gerechtigheid" in Gods ogen, maar alleen maar in iemands eigen ogen.

De gerechtigheid en reinheid van David

David was de tweede koning van Israël, na Saul. Toen Saul koning was, streed Israël tegen de Filistijnen. David was welgevallig in Gods ogen met zijn geloof en versloeg Goliath. Hierdoor, kreeg Israël de overwinning.

En toen de mensen hierna David lief kregen, probeerde Saul uit jaloezie David te vermoorden. Saul was reeds door God verlaten vanwege zijn arrogantie en ongehoorzaamheid. God beloofde dat Hij David koning zou maken in plaats van Saul.

In deze situatie, behandelde David Saul met goedheid, gerechtigheid en waarachtigheid. Ondanks dat David onschuldig was, bleef hij vluchten voor Saul, die hem gedurende een lange periode probeerde te doden. Op een keer, had David de gelegenheid om Saul te doden. De krijgers die bij David waren, waren blij en wilden Saul doden, maar David stopte hen van hem te doden.

1 Samuël 24:7 zegt, *"Dus [David] zeide tot zijn mannen: 'De Here beware mij ervoor, dat ik aan mijn heer, aan de gezalfde des Heren, dit zou doen, dat ik mijn hand aan hem zou slaan; want hij is de gezalfde des Heren.'"*

Ondanks dat Saul door God verlaten was, kon David Saul, die eens tot koning gezalfd was door God, niet aanraken. Omdat de autoriteit om Saul te laten leven of te laten sterven aan God is, ging David niet boven zijn macht uit. God zegt dat dit hart van David oprecht is.

Zijn gerechtigheid werd geopenbaard samen met zijn treffende goedheid. Saul probeerde hem te doden, maar David spaarde Sauls leven. Dit is zo'n grote goedheid. Hij vergold het kwade niet met het kwade, maar vergold alleen maar met goede woorden en daden. Deze goedheid en gerechtigheid waren waarachtig, wat betekent dat het uit waarachtigheid voortkwam.

Toen Saul wist dat David zijn leven had gespaard, was hij zo aangeraakt door die goedheid en leek het erop dat hij een veranderd hart had. Maar spoedig veranderden zijn gedachten opnieuw, en probeerde hij weer om David te doden. Opnieuw, kreeg David de gelegenheid om Saul te doden, maar zoals daarvoor liet hij Saul leven. David liet goedheid en gerechtigheid zien zonder te veranderen en dat kon door God worden erkend.

Wanneer David dan Saul bij de eerste kans had vermoord, zou hij dan eerder koning geworden zijn, zonder door zoveel lijden te moeten gaan? Natuurlijk, had hij dat kunnen doen. Zelfs wanneer wij in werkelijkheid door meer lijden en moeilijkheden gaan, moeten wij nog het hart hebben dat voor de gerechtigheid van God kiest. En wanneer we eens door God worden erkend door onze gerechtigheid, zal het niveau van Gods garantie heel anders zijn.

David doodde Saul niet met zijn eigen hand. Saul werd gedood door de handen van de heidenen. En zoals God hem had getest, werd David de koning van Israël. Bovendien, nadat David koning werd, kon hij een hele sterke natie maken. De belangrijkste fundamentele reden is omdat God welgevallen had in de gerechtigheid en reinheid van het hart van David.

Evenzo, moeten wij harmonieus en volmaakt in goedheid, gerechtigheid en waarheid zijn, zodat wij de overvloedige vrucht van het licht – de vrucht van emerald kunnen dragen, het vierde fundament en de geur van gerechtigheid verspreiden waarin God welgevallen heeft.

5. Sardonyx: Geestelijke getrouwheid

Sardonyx, het vijfde fundament van de muren van het

Nieuwe Jeruzalem, symboliseert geestelijke getrouwheid. Wanneer wij alleen maar datgene doen wat wij behoren te doen, kunnen we niet zeggen dat we getrouw zijn. We kunnen zeggen dat we getrouw zijn wanneer we meer doen dan wat we moeten doen. Om meer te kunnen doen dan onze gegeven plichten, kunnen we niet lui zijn. We moeten ijverig en hardwerkend zijn in alle dingen door onze plichten te vervullen en dan moeten we nog meer doen dan dat.

Veronderstel dat je een werknemer bent. Wanneer je dan alleen maar je werk goed doet, kunnen we dan zeggen dat je getrouw bent? Je heb alleen maar gedaan wat je moest doen, dus we kunnen niet zeggen dat je hardwerkend en getrouw bent. Je zou niet alleen het werk moeten volbrengen wat je is toevertrouwd, maar ook moeten proberen om dingen te doen die oorspronkelijk niet aan jou werden gegeven, en ze doen moet heel je hart en verstand. Alleen dan kan iemand zeggen dat je getrouw bent.

Het soort van hardwerkende getrouwheid dat door God wordt erkend is om je plicht te doen met heel je hart, denken, ziel en leven. En dit soort van getrouwheid moet in alle gebieden verwezenlijkt worden: gemeente, werkplaats en gezin. Dan, kunnen we zeggen dat je getrouw bent in geheel Gods huis.

Om geestelijk getrouw te zijn

Om geestelijk getrouwheid te hebben, zouden wij eerst een rechtvaardig hart moeten hebben. We zouden een verlangen moeten hebben voor de uitbreiding van het koninkrijk van God, dat de gemeente opwekking heeft en groeit, voor voorspoed op onze werkplaats en voor ons gezin om gelukkig te zijn. Wanneer wij niet ons eigen voordeel zoeken, maar verlangen dat anderen en de gemeenschap voorspoedig zijn, dat is het hebben van een rechtvaardig hart.

Om getrouw te zijn, samen met dit rechtvaardige hart, zouden wij een opofferend hart moeten hebben. Wanneer we alleen maar denken, "Het belangrijkste ding is mijn voorspoed, en niet of de kerk nu wel of niet groeit," dan zullen we waarschijnlijk niet offeren voor de gemeente. We kunnen geen getrouwheid vinden in dit soort van persoon. Ook, kan God van dit soort van hart niet zeggen, dat het rechtvaardig is.

Naast deze rechtvaardigheid, wanneer wij ook een opofferend hart hebben, zullen wij getrouw werken voor de redding van zielen en de gemeente. Zelfs wanneer wij geen bijzondere plicht hebben, zullen wij toch ijverig het evangelie verkondigen. Zelfs wanneer niemand ons erom vraag om het te doen, zullen wij voor andere zielen zorgen. We zullen ook ons eigen geld spenderen voor het welzijn van andere zielen en hen al onze liefde en trouw geven.

Om in alle aspecten getrouw te zijn, zouden wij ook goedheid van hart moeten hebben. Diegenen die een goed hart hebben zullen buigen naar de ene of de andere kant. Wanneer wij een bepaald punt hebben veronachtzaamd, zullen wij ons er ongemakkelijk over voelen, wanneer wij goedheid in ons hart hebben.

Wanneer je goedheid in jouw hart hebt, zal je getrouw zijn in alle plichten die je hebt. Je zult niet de andere groep veronachtzamen, denkende, "Omdat ik de leider van deze groep bent zullen de leden van de andere groep wel begrijpen waarom ik niet bij deze samenkomst aanwezig kan zijn." Je kunt vanuit jouw goedheid voelen dat je de andere groep niet zou moeten veronachtzamen. Dus, zelfs wanneer je niet aanwezig kunt zijn bij de samenkomst, zal je iets doen en ook voor de andere groep zorgen.

De omvang van dit soort van houding zal verschillend zijn naar de omvang van de goedheid die je hebt. Wanneer je een klein beetje goedheid hebt, zal je ook niet echt bezorgd zijn over die andere groep. Maar wanneer je een grote mate van goedheid hebt, zal je het niet willen negeren, wanneer dat onbehagen in je hart teweegbrengt. Je weet wat voor soort daden, daden van goedheid zijn, en wanneer je die goedheid niet volbrengt, dan is het moeilijk voor je om dat te verdragen. Je zult alleen maar vrede hebben, wanneer je de daden van goedheid doet.

Degenen die goed van hart zijn, zullen zich ongemakkelijk voelen, wanneer zij niet datgene doen wat zij behoren te doen in elke situatie, of het nu op het werk is of thuis. Ze geven zelfs geen excuus dat de situatie het niet toestond.

Bijvoorbeeld, veronderstel dat er een vrouwelijk lid is, die vele titels in de gemeente heeft. Ze spendeert heel veel tijd in de kerk. Relatief gezien, brengt ze dan minder tijd met haar man en kinderen door dan voorheen.

Wanneer zij werkelijk goed van hart is en getrouw is in alle aspecten, wanneer de hoeveelheid aan tijd die zij heeft afneemt, moet zij haar man en kinderen meer liefde en zorg geven. Ze moet haar best doen in alle aspecten en soorten van werk.

Dan zullen de mensen om haar heen in staat zijn om de

De Hemel II

waarachtige geur van haar hart te voelen en bevredigd worden. Omdat zij de goedheid en ware liefde voelen, zullen zij proberen om haar te helpen en te begrijpen. Als gevolg, zal zij vrede hebben met iedereen. Dit is om getrouw te zijn in geheel Gods huis met een goed hart.

Zoals Mozes die getrouw was in geheel Gods huis

Mozes was een profeet erkend door God, tot op zo'n hoogte dat God met hem sprak van aangezicht tot aangezicht. Mozes verrichtte al zijn plichten volledig om de dingen die God bevolen had te vervullen, en gaf niet veel aandacht aan zijn eigen moeilijkheden. Het volk Israël bleef klagen en was ongehoorzaam wanneer ze kleine moeilijkheden tegenkwamen, zelfs na getuige te zijn en het ervaren van wonderen en tekenen van God, maar Mozes leidde hen voortdurend in geloof en liefde. Zelfs wanneer God boos was op het volk Israël, vanwege hun zonde, keerde Mozes zich niet van hen af, maar vroeg in plaats daarvan vergeving voor hen. Toen keerde Mozes zich tot de Here, en zei het volgende:

Ach, dit volk heeft een grote zonde begaan, want zij hebben zich een gouden god gemaakt. Maar nu, vergeef toch hun zonde – en zo niet, delg mij dan uit het boek dat Gij geschreven hebt! (Exodus 32:31-32)

Hij vastte ten behoeve van het volk, riskeerde zijn eigen leven, en was getrouwer dan God van hem verwacht had. Dat is de reden waarom God Mozes erkende en verzekerde, zeggende,

"Vertrouwd als hij is in geheel mijn huis." (Numeri 12:7).

Bovendien, de getrouwheid die de sardonyx symboliseert is om getrouw te zijn tot de dood, zoals geschreven staat in Openbaring 2:10. Het is alleen maar mogelijk wanneer we eerst God liefhebben. Het is het geven van al onze tijd en geld, en zelfs ons leven, en meer doen dan wat we behoren te doen met geheel ons hart en denken.

Vroeger waren er trouwe volgelingen die de koning bijstonden en trouw waren aan hun land, zelfs tot het punt van het opofferen van hun eigen leven. Wanneer de koning een tiran was, zouden trouwe volgelingen de koning adviseren om het juiste pad te gaan, zelfs al kon dit betekenen dat ze hun eigen leven moesten offeren. Ze konden worden verbannen of gedood, maar ze waren trouw, omdat ze van de koning en het land hielden, zelfs als die liefde betekende dat hun leven zou worden ontnomen.

We moeten God eerst liefhebben om meer te kunnen doen dan van ons wordt verwacht, net zoals die trouwe volgelingen hun leven gaven voor een land, en op de manier dat Mozes getrouw was in geheel Gods huis om Gods koninkrijk en gerechtigheid te kunnen volbrengen. Dus we moeten onszelf snel heiligen en getrouw zijn in alle aspecten van ons leven, zodat we zullen voldoen aan de vereisten om het Nieuwe Jeruzalem binnen te mogen gaan.

6. Robijn: Gepassioneerde liefde

Robijn heeft een transparante, donkerrode kleur en symboliseert de brandende zon. Het is het zesde fundament van

De Hemel II

de muren van het Nieuwe Jeruzalem en symboliseert geestelijke passie, enthousiasme, en gepassioneerde liefde in het volbrengen van Gods koninkrijk en gerechtigheid. Het is met ons hart dat we getrouw, de gegeven taken en plichten moet uitvoeren, met al onze kracht.

Verschillende niveaus van gepassioneerde liefde

Er zijn vele niveaus van liefde en over 't algemeen kan het onderverdeeld worden in geestelijke liefde en vleselijke liefde. Geestelijke liefde verandert nooit, omdat het gegeven is van God, maar vleselijke liefde verandert gemakkelijk, vooral omdat het zelfzuchtig is.

Ongeacht hoe echt de liefde van wereldse mensen mag zijn, het kan nooit geestelijke liefde zijn, welke de liefde van de Here is, omdat die enkel verkregen kan worden in de waarheid. We kunnen ook niet de geestelijke liefde hebben, zodra we in de waarheid komen. We kunnen het alleen verkrijgen, wanneer ons hart op het hart van de Here lijkt.

Heb jij deze geestelijke liefde? Je kan jezelf onderzoeken met de definitie van geestelijke liefde die gevonden wordt in 1 Korintiërs 13:4-7.

De liefde is lankmoedig, de liefde is goedertieren, zij is niet afgunstig, de liefde praalt niet, zij is niet opgeblazen, zij kwetst niemands gevoel, zij zoekt zichzelf niet, zij wordt niet verbitterd, zij rekent het kwade niet toe. Zij is niet blijde over ongerechtigheid, maar zij is blijde met de waarheid. Alles bedekt zij, alles gelooft zij, alles hoopt zij, alles verdraagt zij.

Bijvoorbeeld, als we geduldig zijn maar zelfzuchtig, of niet snel boos maar hard, dan hebben we nog niet de geestelijke liefde waar Paulus over schrijft; er mag niet één ding ontbreken om echte geestelijke liefde te bezitten.

Aan de ene kant, als je nog een gevoel van eenzaamheid of ongeduld hebt, ondanks dat je denkt dat je geestelijke liefde hebt, komt dat omdat je iets terug wilde krijgen zonder dat je het eigenlijk besefte. Je hart is nog niet volledig vervuld met de waarheid van geestelijke liefde.

Aan de andere kant, als je vervuld bent met geestelijke liefde, zal je je nooit eenzaam of leeg voelen, maar zal je altijd blij, gelukkig en dankbaar zijn. Geestelijke liefde verblijdt zich in geven: te meer je geeft, des te blijer, dankbaarder en gelukkiger je wordt.

Geestelijke liefde verblijdt zich in het geven van zichzelf

Romeinen 5:8 zegt ons, *"God echter bewijst zijn liefde jegens ons, doordat Christus, toen wij nog zondaren waren, voor ons gestorven is."*

God houdt zoveel van Jezus, Zijn enige Zoon, omdat Jezus de waarheid zelf is, die precies God Zelf evenaart. En toch, gaf Hij Zijn enige Zoon als een verzoenoffer. Hoe groot en kostbaar is Gods liefde!

God toonde Zijn liefde voor ons door Zijn enige Zoon te offeren. Daarom staat erin 1 Johannes 4:16, *"En wij hebben de liefde onderkend en geloofd, die God jegens ons heeft. God is liefde, en wie in de liefde blijft, blijft in God en God blijft in hem."*

Om het Nieuwe Jeruzalem binnen te kunnen gaan, moeten we Gods liefde hebben waarmee we onszelf kunnen offeren, en welke zich verheugt in geven, zodat we het bewijs kunnen produceren dat getuigt van ons leven in God.

De gepassioneerde liefde voor zielen van de Apostel Paulus

De Bijbelse figuur die dit soort gepassioneerd hart heeft als robijn, in het toewijden van zichzelf voor het koninkrijk van God, is de apostel Paulus. Vanaf het moment dat hij de Here ontmoette tot aan zijn dood, zijn zijn werken van liefde voor de Here nooit veranderd. Als de apostel van de heidenen, redde hij vele zielen en richtte vele kerken op tijdens de drie zendingsreizen. Totdat hij een martelaar werd in Rome, bleef hij voortdurend getuigen van Jezus Christus.

Als de apostel van de heidenen, was Paulus zijn weg heel moeilijk en gevaarlijk. Hij kwam in vele levensbedreigende situaties en er waren voortdurend vervolgingen van de Joden. Hij werd geslagen en gevangengenomen, en hij leed drie keer schipbreuk. Hij ging door nachten zonder slaap, hij had vaak honger en dorst en verdroeg zowel koude als hitte. Tijdens zijn zendingsreizen, waren er altijd veel situaties die voor een mens moeilijk te dragen waren.

Niettegenstaande dat, heeft Paulus nooit spijt gehad over zijn beslissing. Hij dacht nooit op een bepaald moment, het volgende, "Het is moeilijk en ik wil nu rusten, ook al is het maar voor even..." Zijn hart werd nooit beïnvloed, en hij vreesde niets.

Ondanks dat hij door vele moeilijkheden ging, was zijn eerste zorg altijd voor de gemeente en de gelovigen.

Het is net zoals hij beleed in 2 Korintiërs 11:28-29, *"(en dan), afgezien van de dingen, die er verder nog zijn, mijn dagelijkse beslommering, de zorg voor al de gemeenten. Indien iemand zwak is, zou ik het dan niet zijn? Indien iemand aanstoot neemt, zou ik dan niet in brand staan?"*

Totdat hij uiteindelijk zelfs zijn leven gaf, toonde Paulus passie en ijver terwijl hij werkte voor de redding van zielen. We kunnen zien hoe gepassioneerd zijn verlangen was voor de redding van zielen in Romeinen 9:3, wat zegt, *"Want zelf zou ik wel wensen van Christus verbannen te zijn ten behoeve van mijn broeders, mijn verwanten naar het vlees."*

Hier zijn "mijn broeders" niet alleen maar zijn bloedverwanten. Het verwijst naar alle Joden die hem vervolgden. Hij zei dat hij zelfs de hel zou verkiezen als zij alleen maar redding konden ontvangen. We kunnen zien hoe groot zijn gepassioneerde liefde was voor de zielen en hoe groot zijn ijver was voor hun redding.

Deze gepassioneerde liefde voor de Here, de ijver en inspanning voor de redding van andere zielen wordt vertegenwoordigd door de rode kleur van de robijn.

7. Chrysoliet: Genade

Chrysoliet, het zevende fundament van de muren van het Nieuwe Jeruzalem, is een transparante of semitransparante steen die een gele, groene, blauwe, roze kleur geeft, of zelfs op sommige ogenblikken een volledige transparante kleur geeft.

Wat symboliseert chrysoliet geestelijk? De geestelijke betekenis van genade is om iemand in de waarheid te kunnen begrijpen die in het geheel niet begrepen kan worden en om een persoon in de waarheid te vergeven, die niet vergeven kan worden. Om te begrijpen en te vergeven "in waarheid" is om te begrijpen en te vergeven met liefde in goedheid. De genade, waarmee we anderen met liefde kunnen omarmen, is de genade die gesymboliseerd wordt door chrysoliet.

Degenen die deze genade hebben, hebben geen vooroordelen. Ze denken niet, "Ik vind hem niet aardig om deze reden. Ik vind haar niet leuk." Ze hebben geen afkeer of haat jegens iemand. Natuurlijk, hebben zij geen enkele vijandigheid.

Ze proberen naar de dingen te kijken en denken over alles op een mooie manier. Ze kunnen iedereen omarmen. Dus, zelfs wanneer zij een persoon ontmoeten, die een ernstige zonde heeft gedaan, laten zij alleen maar bewogenheid zien. Ze haten de zonde, maar niet de zondaar. Ze begrijpen hem liever en omarmen hem. Dat is genade.

Het hart van genade geopenbaard door Jezus en Stefanus

Jezus toonde Zijn genade aan Judas Iskariot, die Hem zou verkopen. Jezus wist vanaf het begin dat Judas Iskariot Hem zou verraden. Maar toch, sloot Jezus hem niet buiten, of bewaarde Hij afstand van hem. Hij voelde geen afkeer noch haat voor hem in Zijn hart. Jezus hield tot het einde van hem en Hij gaf Judas kansen om terug te keren. Dit hart is het genadige hart.

Zelfs toen zij Jezus aan het kruis nagelden, klaagde Hij niet noch haatte Hij iemand. Hij bad eerder in voorbede voor degenen die Hem pijnigden en kwetsten, zoals opgeschreven staat in Lucas 23:34, *"Vader vergeef het hun, want zij weten niet wat zij doen."*

Stefanus had ook dit soort van genade. Ondanks dat Stefanus geen apostel was, was hij vol van genade en kracht. Slechte mensen waren jaloers op hem en uiteindelijk stenigden ze hem tot hij dood was. Maar zelfs terwijl hij gestenigd werd, bad hij voor degenen die hem probeerden te doden. Zoals het opgeschreven staat in Handelingen 7:60, *"En op de knieën vallende, riep hij met luider stem: Here, reken hun deze zonde niet toe! En met deze woorden ontsliep hij."*

Het feit dat Stefanus voor degenen bad die hem doden, is het bewijs dat hij hen reeds had vergeven. Hij hield geen enkele haat tegen hen. Het laat ons zien dat hij de volmaakte vrucht van genade had om bewogenheid voor die mensen te hebben.

Wanneer er iemand is die je haat of die je niet leuk vindt tussen je familieleden of broeders in het geloof of collega's op het werk, of er is iemand waarvan je denkt, "Ik hou niet van zijn houding," of wanneer je gewoonweg iemand niet leuk vindt en van een persoon weg blijft om verschillende redenen, hoe ver staat dat van "genade"?

We zouden niemand onaardig moeten vinden of haten, we zouden in staat moeten zijn om iedereen te begrijpen, te aanvaarden en goedheid te laten zien. God, de Vader laat ons de schoonheid van genade zien, door de edelsteen, chrysoliet.

Een genadevol hart dat alles omarmt

Wat is dan het verschil tussen liefde en genade? Geestelijke liefde is zichzelf opofferen zonder eigen interesse of voordeel, en niets ervoor terug willen ontvangen, terwijl genade meer gewicht plaatst op vergeving en tolerantie. Met andere woorden, genade is het hart dat begrijpt en niet haat, zelfs niet degene die niet begrijpen of geliefd kunnen worden. Genade haat niet of veracht niemand, maar versterkt en vertroost anderen. Wanneer je zo'n soort warm hart hebt, zal je niet de fouten van anderen aanwijzen, maar in plaats daarvan hen omarmen zodat je een goede relatie met hen kan hebben.

Hoe moeten we dan handelen naar boze mensen? We moeten onthouden dat we allemaal eens slecht waren, maar tot God kwamen, omdat iemand anders ons geleid heeft naar de waarheid in liefde en vergeving.

Ook, wanneer we in contact komen met leugens, vergeten we vaak, dat ook wij in eigen voordeel logen, voordat we in God geloofden. In plaats van zulke mensen te mijden, behoren wij genade te tonen zodat ze terug kunnen keren van hun goddeloze wegen. Enkel wanneer wij begrijpen en hen leiden met tolerantie en liefde, kunnen zij veranderd worden en in de waarheid komen totdat ze de waarheid beseffen. Evenzo, behandelt genade iedereen op gelijke wijze, zonder vooroordelen, zonder aanstoot te geven, en alles proberen te begrijpen op een goede manier, of je het nu leuk vindt of niet.

8. Beril: Geduld

Beril, het achtste fundament van de muren van het Nieuwe Jeruzalem, heeft een blauwe of donkergroene kleur en herinnert ons aan de blauwe zee. Wat symboliseert beril geestelijk? Het symboliseert het geduld in alles, in het bereiken van Gods koninkrijk en Zijn gerechtigheid. Beril staat voor het volharden in liefde, zelfs degenen die je vervolgen, vervloeken en je haten, en dan niet terug te haten, te strijden of te vechten.

Jakobus 5:10 spoort ons aan: *"Broeders, neemt tot een voorbeeld van gelatenheid en geduld de profeten, die in de naam des Heren hebben gesproken."* We kunnen anderen veranderen wanneer we geduld met hen hebben.

Geduld als een vrucht van de Heilige Geest en van liefde

We kunnen in Galaten 5 lezen, dat geduld een van de negen vruchten van de Heilige Geest is, en als een vrucht van liefde in 1 Korintiërs 13. Er is een verschil tussen geduld als een vrucht van de Heilige Geest en geduld als een vrucht van liefde?

Aan de ene kant, verwijst het geduld in liefde naar geduld die vereist wordt in ieders persoonlijke streven, zoals geduld hebben met degenen die je beledigen of de vele moeilijkheden die je tegenkomt in je leven. Aan de andere kant, verwijst geduld als een vrucht van de Heilige Geest naar het geduld in waarheid en geduld voor God, in alles.

Daarom, heeft geduld als een vrucht van de Heilige Geest een grotere betekenis, inclusief geduld over persoonlijke zaken, met betrekking tot Gods koninkrijk en Zijn gerechtigheid.

Verschillende soorten van geduld in waarheid

Het geduld om het koninkrijk en de gerechtigheid van God te bereiken, kan onderverdeeld worden in drie categorieën.

Ten eerste, is er geduld tussen God en de mensen. We moeten geduldig zijn totdat de belofte van God wordt vervuld. God, de Vader is getrouw; eens Hij iets gesproken heeft, zal Hij het zeker doen, zonder het te herroepen. Dus wanneer we de belofte van God hebben ontvangen, moeten we geduldig zijn totdat het wordt vervuld.

Ook, wanneer wij God iets vragen, moeten wij geduld hebben totdat het antwoord komt. Sommige gelovigen zeggen het volgende, "Ik bid de hele nacht en vast zelfs, en toch is er nog geen antwoord." Het is net als een boer die zaad zaait en het weer opgraaft omdat er niet onmiddellijk vruchten aankomen. Wanneer wij het zaad hebben gezaaid, moeten wij geduld hebben, totdat het uitspruit, groeit, bloesem draagt en dan uiteindelijk vruchten voortbrengt. Een boer verwijdert het onkruid en beschermt zijn oogst van schadelijke insecten. Hij doet heel veel werk met veel zweten om goede vruchten te verkrijgen.

Op dezelfde manier, om antwoord te ontvangen op datgene waar wij om hebben gebeden, hebben wij dingen die moeten worden gedaan. We moeten de gepaste mate vervullen overeenkomstig de mate van de zeven Geesten – geloof, vreugde, dankbaarheid, hardwerkende getrouwheid, de geboden bewaren en liefde.

God antwoordt ons alleen maar onmiddellijk, wanneer wij de vereiste hoeveelheid overeenkomstig de mate van ons geloof vervullen. We moeten begrijpen dat de tijd van geduld bij God, de tijd is om een volmaakt antwoord te ontvangen, en ons daarbij verblijden en zelfs nog meer dank geven.

Ten tweede, is er geduld onder de mensen. Het geduld van geestelijke liefde behoort tot het geduld van dit soort. Om elk persoon in alle soorten van menselijke relaties lief te hebben, hebben wij geduld nodig.

We hebben geduld nodig om te geloven in elk soort persoon, met hem te verdragen en te hopen dat hij voorspoedig zal zijn. Zelfs wanneer hij dingen doet die tegenovergesteld zijn aan datgene wat wij verwachten, moeten wij geduld hebben in alle dingen. We moeten begrijpen, aanvaarden, vergeven, overgeven, en geduldig zijn.

Degenen die proberen om te evangeliseren tegen vele mensen, hebben normaal gesproken de ervaringen dat ze worden vervloekt of vervolgd. Maar wanneer zij geduldig zijn in hun hart, zullen zij de zielen opnieuw bezoeken met een glimlach op hun gezicht. Met liefde om die zielen te redden, verblijden zij zich en geven dank, en geven nooit op. Wanneer zij dit soort van geduld laten zien met goedheid en liefde voor een persoon waartegen zij evangeliseren, zal de duisternis van hem weggaan vanwege dat licht en kan die persoon zijn hart openen, het aanvaarden, en redding ontvangen.

Ten derde, is er geduld om het hart te veranderen.
Om onze harten te veranderen, moeten wij de leugen en

slechtheid uit ons hart verwijderen en in de plaats daarvan waarheid en goedheid planten. Het veranderen van onze harten, is gelijk aan het zuiveren van een veld. We verwijderen de rotsen en trekken het onkruid uit. Soms, moeten we de grond omploegen. Dan kan het goede grond worden, en wat we dan ook maar zaaien, het zal groeien en vrucht dragen.

Het is hetzelfde met de mensenharten. Tot de mate dat wij slechtheid in ons hart vinden en dat verwerpen, kunnen wij goede grond in ons hart hebben. Wanneer het Woord van God dan wordt gezaaid, kan het uitspruiten, goed groeien en vrucht dragen. En net zoals we zweten en hard moeten werken om de grond te zuiveren, moeten wij hetzelfde doen wanneer wij ons hart veranderen. We moeten het ernstig uitroepen in gebed, met al onze kracht en met gehele ons hart. Dan kunnen we de kracht van de Heilige Geest ontvangen om het vleselijke hart dat als onvruchtbare grond is om te ploegen.

Dit proces is niet zo gemakkelijk als men denkt. Om die reden voelen sommige mensen zich belast, worden ontmoedigd, of vallen in wanhoop. Daarom, hebben we geduld nodig. Ondanks dat het lijkt dat we heel langzaam veranderen, zouden we nooit teleurgesteld moeten raken of opgeven.

We zouden de liefde van de Here, die voor ons aan het kruis stierf moeten herinneren, nieuwe kracht ontvangen, en de grond van ons hart moeten blijven cultiveren. Wij zouden ook moeten kijken naar de liefde en de zegeningen van God, die Hij ons zal geven wanneer wij ons hart volledig hebben gecultiveerd. We zouden ook moeten blijven werken met grotere dankbaarheid.

Wanneer wij geen slechtheid in ons zouden hebben, zou

de term "geduld" niet noodzakelijk zijn. Op dezelfde manier, als we alleen maar liefde, vergeving en begrip hadden, zou er geen ruimte zijn voor „geduld." Dus, God wil dat wij dit soort van geduld hebben waarin het woord "geduld" niet meer noodzakelijk is. In feite, God, die Zelf goedheid en liefde is, heeft geen geduld nodig. En toch, vertelt Hij ons dat Hij "geduldig" is met ons om ons te helpen om het concept "geduld" te begrijpen. We moeten beseffen dat des te meer eigenschappen wij hebben waarin wij onder bepaalde omstandigheden geduld moeten hebben, des te meer slechtheid wij in ons hart hebben in Gods ogen.

Wanneer wij niets meer hebben waarin wij geduldig moeten zijn, dan hebben wij de volmaakte vrucht van geduld bereikt, zullen wij altijd gelukkig zijn, enkel goede dingen horen van hier en daar, en zullen wij ons zo licht voelen in ons hart, alsof we op de wolken wandelen.

9. Topaas: Geestelijke goedheid

Topaas, het negende fundament van de muren van het Nieuwe Jeruzalem, is een steen die transparant, gemengd, roodoranje kleurig is. Het geestelijke hart dat gesymboliseerd wordt door topaas is geestelijke goedheid. Goedheid is de kwaliteit van vriendelijk, behulpzaam en eerlijk zijn. Maar geestelijk heeft goedheid een diepere betekenis.

Goedheid is ook een van de negen vruchten van de Heilige Geest, en het heeft dezelfde betekenis als de goedheid van topaas. De geestelijke betekenis van goedheid is om de goedheid met de

De Hemel II

Heilige Geest te zoeken.

Iedereen heeft een maatstaf om te oordelen tussen de rechtvaardige en de verkeerde of tussen goed en kwaad. Het wordt het "geweten" genoemd. Het concept van het geweten verschilt in verschillende tijden, landen en volken.

De standaard om de grootheid van de geestelijke goedheid te meten is slechts één: het Woord van God, welke de waarheid is. Daarom, om goedheid te zoeken vanuit ons eigen perspectief, is geen geestelijke goedheid. Om goedheid in Gods ogen te zoeken is geestelijke goedheid.

Mattheüs 12:35 zegt, *"Een goed mens brengt uit zijn goede schat goede dingen voort."* Evenzo, degenen die geestelijke goedheid in zich hebben zullen vanzelfsprekend die goedheid uitdragen. Iedere keer wanneer zij gaan en wie zij ook maar tegenkomen, er zullen altijd goede woorden en goede daden uit hen voortkomen.

Net zoals degenen die een parfum sprayen, een aangename geur uitdragen, zal de geur van goedheid voortkomen uit degenen die goedheid hebben. Dat wil zeggen, dat zij de geur van de goedheid van Christus zullen verspreiden. Daarom, kan alleen het zoeken van goedheid in het hart, goedheid worden genoemd. Wanneer wij het hart hebben dat goedheid zoekt, dan zullen wij vanzelfsprekend de geur van Christus verspreiden met goede woorden en daden. Op die manier, zouden wij morele deugd en liefde aan de mensen om ons heen moeten laten zien. Dat is goedheid in echte, geestelijke zin.

De maatstaf om geestelijke goedheid te meten

God Zelf is goed, en goedheid wordt doorheen de hele Bijbel, het Woord van God gevonden. Er zijn ook verzen in de Bijbel, die specifiek de kleuren van topaas weergeven, namelijk de kleuren van geestelijke goedheid.

Eerst en vooral, staat er in Filippenzen 2:1-4 geschreven, *"Indien er dan enig beroep (op u gedaan mag worden) in Christus, indien er enige bemoediging is der liefde, indien er enige gemeenschap is des geestes, indien er enige ontferming en barmhartigheid is, maakt (dan) mijn blijdschap volkomen door eensgezind te zijn, één in liefdebetoon, één van ziel, één in streven, zonder zelfzucht of ijdel eerbejag; doch in ootmoedigheid achtte de een de ander uitnemender dan zichzelf; en ieder lette niet slechts op zijn eigen belang, maar ieder (lette) ook op dat van anderen."*

Ondanks dat er iets niet juist is overeenkomstig onze gedachten en onze karakters, wanneer wij goedheid in de Here zoeken, zullen wij ons met anderen verbinden en overeenstemmen met hun meningen. We zullen over niets ruzie maken. We zullen geen enkel verlangen hebben om over onszelf te pronken of door anderen te worden geprezen. Met nederige harten, zullen wij anderen slechts vanuit het diepst van onze harten hoger achten dan onszelf. We zullen ons werk getrouw doen en op een zeer verantwoordelijke manier. We zullen zelfs in staat zijn om anderen te helpen met hun werk.

We kunnen gemakkelijk zien dat zo'n soort persoon goedheid

De Hemel II

in zijn hart heeft door de parabel van de barmhartige Samaritaan zoals in Lucas 10:25-37 staat:

> *Een zeker mens daalde af van Jeruzalem naar Jericho en viel in de handen van rovers, die hem niet alleen uitschudden, maar ook slagen gaven en weggingen, terwijl zij hem halfdood lieten liggen. Bij geval daalde een priester af langs die weg; en deze zag hem, doch ging aan de overzijde voorbij. Evenzo ging ook een Leviet langs die plaats, en hij zag hem en ging aan de overzijde voorbij. Doch een Samaritaan, die op reis was, kwam in zijn nabijheid, en toen hij hem zag, werd hij met ontferming bewogen. En hij ging naar hem toe, verbond zijn wonden, goot er olie en wijn op; en hij zette hem op zijn eigen rijdier, bracht hem naar een herberg en verzorgde hem. En de volgende dag stelde hij de waard twee schellingen ter hand en zeide: "Verzorg hem en mocht gij meer kosten hebben, dan zal ik ze u vergoeden, op mijn terugreis. Wie van deze drie dunkt u, dat de naaste geweest is van de man, die in handen der rovers was gevallen?"* (Lucas 10:30-36)

Onder de priester, de Leviet, en de Samaritaan, wie is er dan een echte naaste en een liefdevol persoon geweest? De Samaritaan kon de echte naaste van de man, die beroofd werd, zijn omdat hij goedheid in zijn hart had en de juiste weg koos, ondanks dat hij als een heiden werd beschouwd.

Deze Samaritaan heeft misschien het Woord van God niet

gekend als kennis. Maar we kunnen zien dat hij een hart had dat goedheid volgde. Het betekent dat hij de geestelijke goedheid, de goedheid in Gods ogen volgde. Ondanks dat we onze eigen tijd en geld spenderen, moeten wij de goedheid in Gods ogen kiezen. Dat is geestelijke goedheid.

Jezus' goedheid

Een ander Bijbelvers die het licht helderder laat schijnen op goedheid is Mattheüs 12:19-20. Het gaat over de goedheid van Jezus. Het zegt:

> *Hij zal niet twisten of schreeuwen, en niemand zal op de pleinen zijn stem horen. Het geknakte riet zal Hij niet verbreken en de walmende vlaspit zal Hij niet uitdoven, voordat Hij het oordeel tot overwinning heeft gebracht.*

De zin "voordat Hij het oordeel tot overwinning heeft gebracht" betekent dat Jezus enkel handelde met een goed hart in het gehele proces van kruisiging tot opstanding, ons de overwinning gevende met Zijn genade van redding.

Daar Jezus geestelijke goedheid had, gaf Hij nooit aanstoot aan iemand of maakte ruzie. Hij aanvaarde alles met de wijsheid van geestelijke goedheid en woorden van waarheid, zelfs al kwam Hij harde en bijna onmogelijke situaties tegen. Bovendien, confronteerde Jezus noch degenen die Hem probeerden te doden, noch degenen die probeerden om zijn onschuld uit te leggen en te bewijzen. Hij liet alles aan God over met Zijn wijsheid en waarheid in geestelijke goedheid.

Geestelijke goedheid is het hart dat "het geknakte riet niet verbreekt en de walmende vlaspit niet uitdooft." Deze definitie bevat de vertegenwoordigende referentiepunten van goedheid. Degenen die goedheid hebben zullen niet schreeuwen of ruzie maken met iemand. Ook, zullen zij hun goedheid laten zien in hun verschijning. Zoals staat opgeschreven, "Niemand zal Zijn stem op de straten horen," zullen degenen die goedheid hebben, goedheid en nederigheid laten zien. Hoe onberispelijk en volmaakt moeten Jezus' houdingen geweest zijn in Zijn manier van wandelen, gebaren, en taal! Spreuken 22:11 zegt, *"Wie reinheid van hart bemint en wiens lippen vriendelijk zijn, de koning is zijn vriend."*

Ten eerste, vertegenwoordigt "een geknakt riet" degenen die hebben geleden onder de vele dingen van deze wereld en die in hun hart gekwetst zijn. Zelfs wanneer zij God zoeken met een zwak hart, zal God hen niet verlaten, maar hen aannemen. Dit hart van God en dit hart van Jezus zijn de echte hoogte van goedheid.

Vervolgens, is het hetzelfde met het hart dat een walmende vlaspit niet uitdooft. Wanneer de vlaspit walmt, betekent het dat het vuur uit is, maar dat er nog steeds aanmaakhout over is. In deze betekenis, is "een walmende vlaspit" een persoon die zo bevlekt is met zonde dat het licht van zijn geest "smeult." Zelfs dit soort persoon, wanneer er de geringste kans is om redding te ontvangen, zouden wij hem niet moeten opgeven. Dit is goedheid.

Onze Heer geeft nooit op, zelfs niet bij die mensen die in zonde leven en opstaan tegen God. Hij klopt nog steeds op de deur van hun hart om hen toe te staan om redding te bereiken.

Dit hart van onze Heer is goedheid.

Er zijn mensen die als geknakt riet en een walmende vlaspit zijn in geloof. Wanneer zij in de verzoekingen vallen vanwege hun zwakke geloof, hebben sommige mensen niet zelf de kracht om terug te komen naar de kerk. Misschien vanwege sommige vleselijke dingen die ze nog niet hebben kunnen verwerpen, hebben ze misschien schade veroorzaakt bij andere gemeenteleden. Omdat ze spijt hebben en zich erover schamen, voelen zij dat zij niet kunnen terugkeren naar de kerk.

Dus, wij moeten eerst naar hen toegaan. We moeten onze handen uitstrekken naar hen en hun handen vasthouden. Dat is goedheid. Er zijn ook mensen, die eerst in het geloof waren, maar later achterblijven in de Geest. Sommigen van hen worden als een "walmende vlaspit."

Sommigen van hen willen geliefd en erkend worden door anderen, maar het gebeurt niet. Dus, ze zijn verbroken van hart en het kwade komt uit hen. Ze zijn misschien zelfs jaloers op anderen die vooruitgaan in de Geest, en ze lasteren hen zelfs. Dit is als een walmende vlaspit dat rookt en dampt.

Wanneer wij echte goedheid hebben, zullen wij in staat zijn om deze mensen te begrijpen en zelfs te aanvaarden. Wanneer wij proberen om te discussiëren wat goed en kwaad is en de andere mensen zich laten onderwerpen, dan is dat geen goedheid. We moeten hen met waarachtigheid en liefde behandelen, zelfs degenen die slechtheid laten zien. We moeten hun harten smelten en aanraken. Wanneer we dit doen, handelen wij in goedheid.

10. Chrysopraas: Zelfbeheersing

Chrysopraas, het tiende fundament van de muren van het Nieuwe Jeruzalem, is één van de duurste lazuurstenen. Het is een semitransparante donkergroene kleur, en één van de kostbaarste stenen die Koreaanse vrouwen vroeger als zeer waardevol beschouwden. Het symboliseerde voor hen kuisheid en reinheid van vrouwen.

Zelfbeheersing om volmaaktheid te bereiken

Titus 1:7-9 vertelt ons over de voorwaarden waar een opziener van de kerk aan moet voldoen, en één van deze voorwaarden is zelfbeheersing. Wanneer een persoon tekortschiet in zelfbeheersing een opziener wordt, wat zal hij dan kunnen bereiken in zijn onbeheerste leven?

Wat we ook doen voor en in de Here, we zouden de waarheid los van de leugen moeten spreken, en de wil van de Heilige Geest volgen in zelfbeheersing. Als we in staat zijn om de stem van de Heilige Geest te horen, zullen we in alle dingen voorspoedig zijn, omdat we zelfbeheersing hebben. Als we echter geen zelfbeheersing hebben, kunnen dingen verkeerd gaan en kunnen we zelfs ongelukken tegenkomen, zowel natuurlijk als door de mens veroorzaakte rampen, ziektes en dergelijke.

Evenzo, is de vrucht van zelfbeheersing heel belangrijk, en is het een noodzaak in het vervullen van de volmaaktheid. Zoveel als wij de vrucht van liefde dragen, kunnen wij de vrucht van vreugde, vrede, geduld, vriendelijkheid, goedheid, trouwheid en zachtmoedigheid dragen, en deze vruchten zijn volkomen met zelfbeheersing.

Zelfbeheersing kan vergeleken worden met de anus van ons lichaam. Ondanks dat het klein is, speelt het een hele belangrijke rol in ons lichaam. Wat gebeurt er als het de kracht van samentrekking verliest? De uitscheiding zou onbeheerst zijn, en we zouden helemaal vuil en onfatsoenlijk zijn.

Evenzo, wanneer we onze zelfbeheersing verliezen, kan alles uitlopen tot een grote puinhoop. Mensen leven in de leugen, omdat ze zichzelf geestelijk niet kunnen beheersen. Vanwege dat, komen ze beproevingen tegen en kunnen niet geliefd worden door God. Als we onszelf lichamelijk niet kunnen beheersen, dan zullen we onrechtvaardige en wetteloze dingen doen, omdat we zullen eten en dronken zullen worden, zo vaak als we maar willen en een complete chaos van ons leven maken.

Johannes de Doper

Een goed voorbeeld van zelfbeheersing onder de Bijbelse figuren is Johannes de Doper.

Johannes de Doper wist heel duidelijk waarom hij op deze aarde was. Hij wist dat hij de weg voor Jezus, die het ware Licht is, moest voorbereiden. Dus, totdat hij zijn plicht had vervuld, leidde hij een teruggetrokken leven van deze wereld. Hij wapende zichzelf met gebed en het Woord terwijl hij allee in de wildernis was. Hij at alleen maar sprinkhanen en wilde honing. Het was een heel teruggetrokken en streng beheerst leven. Door dit soort leven, was hij klaar om de weg van de Here voor te bereiden, en het volledig te vervullen.

In Mattheüs 11:11, zei Jezus over hem, *"Voorwaar, Ik zeg*

u, onder hen, die uit vrouwen geboren zijn, is er niemand opgestaan, groter dan Johannes de Doper!"

Wanneer iemand denkt, "O, dus nu ga ik diep de Bergen in of naar een afgelegen plaats en een leven van zelfbeheersing leven!" dan is dat een bewijs dat hij geen zelfbeheersing heeft en Gods Woord op zijn eigen manier uitlegt en te veel denkt.

Het is belangrijk om uw hart te beheersen in de Heilige Geest. Wanneer je nog niet het niveau van de Geest hebt bereikt, dan moet je de vleselijke begeerten beheersen en alleen- de verlangens van de Heilige Geest volgen. Ook, zelfs nadat je de geest hebt bereikt, moet je de kracht of de grote van alle geestelijke harten hebben, om als een geheel in volkomen harmonie te zijn. Deze zelfbeheersing wordt gezien in het licht van de chrysopaas.

11. Lazuursteen: Reinheid en heiligheid

Lazuursteen, het elfde fundament van de muren van het Nieuwe Jeruzalem, is een kostbare steen van een transparante blauwachtige kleur, en symboliseert geestelijk reinheid en heiligheid.

"Reinheid" verwijst hier naar een staat van geen zonde hebben en rein zijn zonder vlek of rimpel. Wanneer een persoon een paar keer per dag onder de douche gaat of een bad neemt, zijn haar kamt en zich netjes kleed, zullen de mensen van hem zeggen dat hij netjes en keurig is. Zou God dan ook zeggen dat hij netjes is? Wie dan, is een mens met een rein hart en hoe kunnen we het reine hart bereiken?

Een rein hart in de ogen van God

De Farizeeërs en de Schriftgeleerden wasten volgens de tradities van de oudsten hun handen voor zij aten. En toen de discipelen van Jezus dit niet deden, stelden zij Jezus een vraag, zodat zij Hem zouden kunnen aanklagen. Mattheüs 15:2 zegt, *"Waarom overtreden uw discipelen de overlevering der ouden?"*

Jezus leerde hen wat reinheid werkelijk betekende. In Mattheüs 15:19-20 zei Hij, *"Want uit het hart komen boze overleggingen, moord, echtbreuk, hoererij, diefstal, leugenachtige getuigenissen, godslasteringen. Dat zijn de dingen, die een mens onrein maken, maar het eten met ongewassen handen maakt een mens niet onrein."*

Iemand is rein in de ogen van God, wanneer er geen zonden in het hart zijn. Reinheid is wanneer we een hart hebben dat rein is zonder schuld, vlek of rimpel. We kunnen onze handen en lichaam met water wassen, maar hoe kunnen we ons hart reinigen?

We kunnen het ook met water wassen. We kunnen het reinigen door het te wassen met geestelijk water, dat is het Woord van God. Hebreeën 10:22 zegt, *"laten wij toetreden met een waarachtig hart, in volle verzekerdheid des geloofs, met een hart, dat door besprenging gezuiverd is van besef van kwaad, en met een lichaam, dat gewassen is met zuiver water."* We kunnen reine en waarachtige harten hebben tot de mate waarin wij handelen overeenkomstig het Woord van God.

Wanneer wij alles wat in de Bijbel staat gehoorzamen, wat zegt dat we de leugen en het kwade moeten verwerpen en niet doen, dan zullen wij een mooi gewassen hart hebben. En wanneer wij alles wat de Bijbel beveelt doen en dat onderhouden, kunnen we de bezoedeling van de zonde en het kwade van de wereld vermijden, door voortdurend voorzien te zijn van rein water. Op die manier kunnen wij ons hart rein bewaren.

Mattheüs 5:8 zegt, *"Zalig de reinen van hart, want zij zullen God zien."* God heeft ons verteld over de zegen die de reinen van hart zullen ontvangen. Het is dat zij God zullen zien. Degenen die rein van hart zijn, zullen God zeker van aangezicht tot aangezicht zien in het Koninkrijk van de Hemel. Ze zullen uiteindelijk geleid worden naar het Derde Koninkrijk van de Hemel of zelfs het Nieuwe Jeruzalem binnengaan.

Maar de echte betekenis van "God zien" is niet zomaar God zien. Het betekent dat we God altijd kunnen ontmoeten en hulp van Hem ontvangen. Het betekent dat we een leven leven waarin wij wandelen met God, zelfs op deze aarde.

Henoch, die een rein hart bereikte

Het vijfde hoofdstuk van Genesis beschrijft Henoch, die een rein hart ontwikkelde en met God op aarde wandelde. In Genesis 5:21-24, kunnen we lezen dat Henoch met God wandelde voor driehonderd jaar, vanaf het moment dat hij 65 jaar was en de vader van Metusala werd. Daarna staat er geschreven in vers 24, *"En Henoch wandelde met God, en hij was niet meer, want God had hem opgenomen,"* dat hij levend in de hemel werd opgenomen.

Hebreeën 11:5 vertelt ons de reden waarom hij opgenomen kon worden in de Hemel, zonder te sterven, namelijk, *"Door het geloof is Henoch weggenomen zodat hij de dood niet zag, en hij werd niet meer gevonden, want God had hem weggenomen. Want vóórdat hij werd weggenomen, is van hem getuigd, dat hij Gode welgevallig was geweest."*

Henoch behaagde God door zo'n rein hart zonder zonde te ontwikkelen, zelfs tot de mate dat hij niet hoefde te sterven. En uiteindelijk werd hij levend opgenomen in de Hemel. Hij was 365 jaar op dat moment, maar in die dagen leefden de mensen gemakkelijk meer dan 900 jaar. In hedendaagse betekenis, nam God Henoch terwijl hij in krachtigste jeugdtijd was.

Dat kwam omdat Henoch zo liefelijk was in de ogen van God. God wilde Henoch liever dicht bij Zich hebben in het Hemelse koninkrijk dan hem op deze aarde te houden. We kunnen duidelijk zien hoeveel God van degenen, die een rein hart hebben, houdt en zich over hen verblijdt.

Maar zelfs al werd Henoch niet in één keer geheiligd. Hij ging ook door allerlei beproevingen tot hij 65 jaar werd. In Genesis 5:19, kunnen we lezen dat Jered, de vader van Henoch, nog 800 jaar leefde, nadat Henoch geboren werd en hij vele kinderen verwekte, dus we kunnen begrijpen dat Henoch vele broers en zussen had.

God heeft mij tijdens mijn diepe gebeden laten weten dat Henoch geen enkel probleem had met zijn broers en zussen. Hij wilde nooit meer hebben dan zijn broers; hij willigde altijd met hen in. Hij wilde nooit meer erkenning krijgen dan zijn broers en zussen, en hij deed alleen maar zijn best. Zelfs wanneer sommige broers meer geliefd waren dan hij, voelde hij zich niet ongemakkelijk, wat betekent dat hij geen jaloezie had.

Ook was Henoch altijd een gehoorzaam persoon. Hij luisterde niet alleen naar het Woord van God, maar ook naar het woord van zijn ouders. Hij hield nooit vast aan zijn eigen mening. Hij had geen zelfgerichte verlangens, en hij nam niets persoonlijks aan. Hij leefde in vrede met iedereen.

Henoch ontwikkelde een rein hart in zich waarmee hij God kon zien. Toen Henoch 65 jaar werd, bereikte hij het niveau wat God welgevallig was, en daardoor kon nu met God wandelen.

Maar er is nog een belangrijkere reden waarom hij met God kon wandelen. Dat kwam omdat hij God liefhad en er enorm van genoot om met God te communiceren. Natuurlijk richtte hij zijn ogen niet op de dingen van deze wereld en hield hij meer van God dan enig ander ding van deze wereld.

Henoch hield van zijn ouders en gehoorzaamde hen, en er was vrede en liefde tussen hem en al zijn broers en zussen, maar toch hield hij het meeste van God. Hij genoot er meer van om alleen te zijn en God te prijzen, dan om bij zijn familieleden te blijven. Hij miste God als hij naar de lucht en de natuur keek, en genoot van de gemeenschap die hij met God had.

Het was zelfs al zo voordat God met hem begon te wandelen, en vanaf het moment dat God met hem begon te wandelen, werd het nog meer zo. Zoals geschreven staat in Spreuken 8:17 dat zegt, *"Ik heb lief wie mij liefhebben, wie mij ijverig zoeken, zullen mij vinden,"* hield Henoch van God en miste Hem zo, en God wandelde ook met hem.

Des te meer wij God liefhebben, des te reiner het hart zal worden, en des te reiner ons hart is, des te meer wij God lief zullen hebben en Hem zullen zoeken. Het is aangenaam om te praten en te communiceren met degenen die rein van hart zijn. Zij zullen alles in reinheid aannemen en anderen geloven.

Wie zou zich slecht voelen en fronsen terwijl hij de stralende glimlachjes van kleine baby's ziet? De meeste mensen zouden zich goed voelen en ook lachen wanneer zij de baby's zien. Dat komt omdat de reinheid van de baby's over gaat naar de mensen, en ook hun harten verfrist.

God de Vader voelt het op dezelfde manier, wanneer Hij een persoon met een rein hart ziet. Dus, Hij wil dit soort persoon meer zien en Hij wil ook bij zo'n persoon blijven.

12. Amethist: Schoonheid en zachtmoedigheid

Het twaalfde en laatste fundament van de muren van het Nieuwe Jeruzalem is amethist. Amethist heeft een lichte violet kleur en is transparant. Amethist heeft zo'n elegante en mooie kleur dat het sinds de oudheid zeer geliefd is onder de edelen.

God acht het geestelijke hart dat gesymboliseerd wordt door de amethist, net zo mooi. Het geestelijke hart amethist symboliseert zachtmoedigheid. Deze zachtmoedigheid wordt in het Hoofdstuk van de Liefde gevonden, in de Zaligspreking en zelfs in de negen vruchten van de Heilige Geest. Het is een vrucht die zeker gedragen wordt door een persoon die geboorte geeft aan de geest door de Heilige Geest en leeft door het Woord van God.

Het hart van zachtmoedigheid wat als mooi door God wordt beschouwd

Een woordenboek definieert zachtmoedigheid als het karakter van vriendelijkheid, zachtheid en zachtmoedigheid; [en] het in staat zijn om rust over te brengen. Maar de zachtmoedigheid die God als mooi beschouwd is niet alleen maar het bezitten van die karakters.

Degenen die zachtmoedige karakters hebben naar het vlees voelen zich ongemakkelijk rondom mensen die niet zachtmoedig zijn. Wanneer zij iemand zien die heel erg uitmunt of een sterk karakter heeft, worden zij wat voorzichtig, en ze vinden het zelfs moeilijk om met zo'n persoon te praten. Maar een persoon die geestelijk zachtmoedig is kan elk soort van persoon, met elk soort karakter aanvaarden. Dit is een van de verschillen tussen vleselijke zachtmoedigheid en geestelijke zachtmoedigheid.

Wat is dan geestelijke zachtmoedigheid, en waarom beschouwd God het als iets moois?

Om geestelijk zachtmoedig te zijn, is om een zacht en warm karakter te hebben, samen met een groot hart om iedereen te aanvaarden. Het is iemand die het hart bezit dat zo zacht en knus is als katoen, zodat vele mensen rust in hem kunnen vinden. Het is ook iemand die alles kan begrijpen in goedheid en het kan omarmen en alles kan aanvaarden in liefde.

En er is één ding wat niet mag ontbreken in geestelijke zachtmoedigheid. Het is het deugdzame karakter in relatie met het hebben van een groot hart. Wanneer we alleen maar een heel warm en zacht hart in ons hebben, betekent het eigenlijk helemaal niets. Van tijd tot tijd, wanneer het noodzakelijk, zouden wij in staat moeten zijn om anderen te bemoedigen en advies te geven, en daden van goedheid en liefde laten zien. Om een deugdzaam karakter te laten zien is om anderen te bekrachtigen, hen de warmte te laten voelen, en hen rust laten vinden in ons hart.

Een geestelijk zachtmoedig persoon

Degenen die ware geestelijke zachtmoedigheid hebben, hebben geen enkel vooroordeel over enig persoon. Dus ze hebben geen problemen en ze staan op goede voet met iedereen. De andere persoon voelt ook dit warme hart, dus hij kan rust nemen en vrede vinden in zijn denken wanneer hij hartelijk wordt omarmd. Deze geestelijke zachtmoedigheid is als een grote boom die een grote, koele schaduw voorziet op een hete zomerdag.

Wanneer de man al zijn familieleden aanvaardt en omarmt met een groot hart, dan zal de vrouw hem respecteren en liefhebben. Wanneer de vrouw ook een hart heeft dat zo zacht is als katoen, kan zij comfort en vrede voorzien voor haar man, zodat zij een heel gelukkig koppel kunnen zijn. Ook de kinderen, die opgegroeid zijn in zo'n gezin zullen niet afdwalen als zij moeilijkheden tegenkomen. Omdat zij bekrachtigd kunnen worden in de vrede van de familie, kunnen zij moeilijkheden overwinnen en opgroeien in oprechtheid en in goede gezondheid.

Evenzo, door degenen die geestelijke zachtmoedigheid hebben ontwikkeld, kunnen de mensen om hen heen ook rust vinden en geluk voelen. Dan, zal God de Vader ook zeggen dat degenen die geestelijk zachtmoedig zijn ook echt mooi zijn.

In deze wereld gebruiken mensen vele manieren om het hart van anderen te winnen. Ze voorzien misschien zelfs anderen met materiele dingen of gebruiken hun sociale roem of autoriteit. Maar dat zijn vleselijke manieren, waarmee we niet echt de harten van anderen winnen. Ze zullen ons misschien voor een tijdje helpen vanwege hun noden, maar ze onderwerpen zich niet echt vanuit hun hart, ze zullen hun gedachten veranderen wanneer de situaties veranderen.

Maar mensen zullen zich vanzelfsprekend verzamelen om een persoon die geestelijk zachtmoedig is. Ze zullen zich vanuit hun hart onderwerpen en verlangen om bij hem te blijven. Dat komt omdat door een persoon die geestelijk zachtmoedig is, zij bekrachtigd kunnen worden en de troost kunnen voelen die zij in de wereld niet konden voelen. Dus vele mensen zullen bij een persoon met geestelijke zachtmoedigheid verblijven, en dit wordt de geestelijke autoriteit.

Mattheüs 5:5 spreekt over deze zegen van het winnen van vele zielen, zeggende dat zij de aarde zullen beërven. Dat wil zeggen dat zij de harten van mensen, die van de aarde gemaakt zijn, zullen winnen. Als gevolg, zullen zij ook een groot stuk land krijgen in het eeuwige hemelse koninkrijk. Omdat ze vele zielen hebben omarmd en geleid naar de waarheid, zullen zij ook een grote beloning ontvangen.

Om die reden zei God over Mozes het volgende, in Numeri 12:3, *"Mozes nu was een zeer zachtmoedig man, meer dan enig mens op de aardbodem."* Mozes leidde de Exodus. Hij leidde meer dan 2 miljoen mensen, en leidde hen gedurende 40 jaren in de woestijn. Net zoals ouders hun kinderen opvoeden, omarmde hij hen in zijn hart en leidde hen overeenkomstig de wil van God.

Zelfs wanneer kinderen een ernstige zonde plegen, zullen de ouders hen niet verlaten. Op dezelfde manier koesterde Mozes zelfs die mensen, die volgens de Wet alleen maar verlaten konden worden, en leidde hen tot het einde, terwijl hij God vroeg om hen te vergeven.

Wanneer je ook maar een kleine verplichting hebt in de gemeente, zal je begrijpen hoe goed deze zachtmoedigheid is. Niet alleen de plicht om voor de zielen te zorgen, maar ook elke andere plicht, wanneer je het doet met zachtmoedigheid, zal je geen problemen hebben. Er zijn geen twee mensen die hetzelfde hart en dezelfde gedachten hebben. Iedereen is grootgebracht in andere omstandigheden en heeft verschillende karakters. Hun gedachten en meningen zullen niet altijd overeenstemmen.

Maar degene die zachtmoedig is kan anderen aanvaarden met een groot hart. De zachtmoedigheid om zichzelf te ledigen en anderen te aanvaarden komt mooi naar voren in een situatie waarbij iedereen volhoudt dat hij gelijk heeft.

We hebben geleerd over alle geestelijke harten die gesymboliseerd worden door elke steen van de twaalf fundamenten van de muur van de stad van het Nieuwe Jeruzalem. Daar zijn de harten van geloof, oprechtheid, offers, gerechtigheid, getrouwheid, passie, genade, geduld, goedheid, zelfbeheersing, reinheid en zachtmoedigheid. Wanneer we al deze karakters samenbrengen, wordt het het hart van Jezus Christus en God de Vader. In één zin, is dat "volmaakte liefde."

Degenen die deze volmaakte liefde hebben ontwikkeld met een goed en gebalanceerde combinatie van elk karakter van de twaalf edelstenen kan vrijmoedig de Stad van het Nieuwe Jeruzalem binnengaan. Ook, zullen hun huizen in het Nieuwe Jeruzalem versierd zijn met de twaalf verschillende edelstenen.

Daarom, is de binnenkant van de Stad, het Nieuwe Jeruzalem zo mooi en gaat elke uitdrukking te boven. De huizen, gebouwen, en alle faciliteiten zoals parken zijn gedecoreerd op de mooiste manier mogelijk.

Maar wat God als mooiste beschouwd zijn de mensen die in de Stad komen. Zij zullen stralendere lichten uitstralen dan de lichten die komen van alle twaalf de edelstenen. Ze zullen ook een dikke geur van liefde geven naar de Vader vanuit het diepst van hun harten. Hierdoor, zal God de Vader worden getroost van alle dingen, die Hij voor hen heeft gedaan.

Hoofdstuk 6

De twaalf parelen poorten en de gouden straat

1. De twaalf parelen poorten

2. Straten gemaakt van zuiver goud

En de twaalf poorten waren twaalf paarlen: iedere poort afzonderlijk was uit één parel, en de straat der stad was zuiver goud, gelijk doorschijnend glas.

- Openbaring 21:21 -

De Stad van het Nieuwe Jeruzalem heeft twaalf poorten, drie aan elke zijde, ten noorden, zuiden, oosten en westen van de muren. Een enorme engel bewaakt elke poort, en het zich heeft de pracht en autoriteit van de Stad van het Nieuwe Jeruzalem weer in één oogwenk. Elke poort is boogvormig, en het is zo groot dat we ver omhoog moeten kijken. Elke poort is gemaakt van een reusachtige parel. Het schuift aan beide zijden open en heeft een handvat gemaakt van goud en andere kostbare gesteenten. De deur gaat automatisch open zonder dat iemand het met de hand moet openen.

God heeft twaalf poorten gemaakt met mooie parelen en de straat van zuiver goud voor Zijn geliefde kinderen. Hoeveel mooier en prachtiger zal de structuur van de Stad dan wel niet zijn?

Voordat we verder gaan in het bekijken van de gebouwen en uitzichten in de Stad van het Nieuwe Jeruzalem, laat ons eerst de reden beschouwen waarom God de poorten van het Nieuwe Jeruzalem gemaakt heeft van parelen, en wat voor soort andere straten er nog zijn, behalve de gouden straten.

1. De twaalf parelen poorten

Openbaring 21:21 zegt, *"En de twaalf poorten waren twaalf paarlen: iedere poort afzonderlijk was uit één parel, en de straat der stad was zuiver goud, gelijk doorschijnend glas."* Waarom dan zijn de twaalf poorten gemaakt van parelen, terwijl er nog vele andere kostbare gesteenten zijn in het Nieuwe

Jeruzalem? Sommigen zeggen misschien dat het beter zou zijn om elke poort met verschillende edelstenen te versieren, daar er twaalf poorten zijn, maar God heeft alle twaalf de poorten versierd met een parel.

Dat komt door Gods voorzienigheid en de geestelijke betekenis die opgenomen zijn in dit ontwerp. In tegenstelling tot andere edelstenen, hebben parels een andere waarde en worden kostbaarder geacht, omdat ze geproduceerd worden na een pijnlijk proces.

Waarom zijn de twaalf poorten gemaakt van parels?

Hoe wordt een parel geproduceerd? Parel is een van de twee organische edelstenen van de zee, de andere is koraal. Het wordt wereldwijd vereerd door talloze mensen, omdat het zo'n mooie glans geeft, zonder gepolijst te zijn.

Parel wordt gevormd in de binnenste huid van de schelp van een oester. Het is een gezwel van abnormale glans, welke hoofdzakelijk bestaat uit calciumcarbonaat, in een semi-sfeer of bolvorm. Wanneer een vreemde stof in het zachte vlees van de schelp komt, lijdt de schelp enorme pijn, alsof het geprikt wordt door een naald. De schelp vecht dan tegen de vreemde stof, door een enorme hoeveelheid pijn te verdragen. Een parel wordt geproduceerd wanneer de buitenste laag van de schelp de vreemde stof keer op keer bedekt.

Er zijn twee soorten parels: natuurlijke parels en ontwikkelde parels. Mensen hebben het principe ontdekt om parels te produceren. Ze kweken vele schelpen en brengen kunstmatige stoffen in de schelpen, zodat ze parels zullen produceren. Deze parels zien er natuurlijk uit, maar ze zijn relatief goedkoper, omdat ze dunnere parellagen hebben.

Net zoals een schelp een mooie parel maakt door enorme pijn te dragen tegen de vreemde stoffen, is er een proces van verdraagzaamheid voor Gods kinderen, strevende om het verloren beeld van God te herstellen. Ze kunnen voortkomen met geloof als zuiver goud, waarmee ze het Nieuwe Jeruzalem binnen kunnen gaan, enkel wanneer ze moeilijkheden en zorgen hebben verdragen terwijl ze op aarde leefden.

Wanneer wij de overwinning willen behalen in de strijd van geloof en door de poorten van de Stad van het Nieuwe Jeruzalem willen gaan, moeten wij allemaal een parel in ons hart maken. Net zoals de parel in een oester pijn moet verdragen en de parelmoer in het geheim een parel maakt, moeten ook Gods kinderen pijn verdragen totdat zij het beeld van God ten volle hebben hersteld.

Toen de zonde in de wereld kwam en mensen meer en meer bezoedeld werden met zonden, verloren zij het beeld van God. In het hart van mensen werd slechtheid en leugen geplant, en hun hart werd onrein, en gaf een vieze stank. God de Vader, toonde Zijn grote liefde zelfs aan deze mensen die leefden met zondevolle harten in een zondige wereld.

Iedereen die in Jezus Christus gelooft zal gereinigd worden van zijn zonden door Zijn bloed. Maar het soort van echte kinderen die God de Vader wil, zijn die kinderen die ten volle zijn opgegroeid en volwassen zijn geworden. Hij wil degenen die zichzelf niet opnieuw vuil zullen maken, nadat ze gewassen zijn. Geestelijk, betekent het dat zij geen zonden meer doen, maar

Vader God behagen met volmaakt geloof.

En om dit soort van volmaakt geloof te hebben, moeten we eerst waarachtige harten hebben. We kunnen een waarachtig hart hebben wanneer we alle zonden verwijderen en alle slechtheid uit ons hart verwijderen en het in plaats daarvan vullen met de goedheid en liefde. Des te meer goedheid en liefde wij hebben, des te meer wij het beeld van God hebben hersteld.

God de Vader staat reinigende beproevingen toe bij Zijn kinderen, zodat zij goedheid en liefde kunnen ontwikkelen. Hij laat hen hun zonden en de slechtheid in hun harten ontdekken door verschillende soorten van situaties te brengen. Wanneer wij onze zonden en slechtheid ontdekken, zullen wij de pijn in ons hart voelen. Het is als een scherpe indringer die in een oester komt en het zachte vlees doorsteekt. Maar we moeten het feit erkennen dat we pijn hebben wanneer wij door beproevingen gaan vanwege de zonden en slechtheid in ons hart.

Wanneer wij werkelijk dit feit erkennen, kunnen wij een geestelijke parel in ons hart maken. We zullen vurig bidden om alle zonde en slechtheid te verwerpen die wij hebben ontdekt. Dan, zullen de genade en kracht van God over ons komen. Ook de Heilige Geest zal ons helpen. Als gevolg, zullen de zonden en slechtheid die wij hebben ontdekt, worden verwijderd, en in plaats daarvan, zullen wij een geestelijk hart hebben.

Zijn parels buitengewoon kostbaar, wanneer het proces van produceren wordt beschouwd. Net zoals schelpen pijn moeten lijden en verdragen om parels te produceren, moeten wij overwinnen en grote pijn doorstaan om het Nieuwe Jeruzalem binnen te gaan. We kunnen enkel door deze poorten gaan wanneer we de overwinning verkrijgen in de strijd van geloof.

Deze poorten zijn gemaakt om dit feit te symboliseren.

Hebreeën 12:4 zegt ons: *"Gij hebt nog niet ten bloede toe weerstand geboden in uw worsteling tegen de zonde."* En de tweede helft van Openbaring 2:10, spoort ons ook aan *"Wees getrouw tot de dood, en Ik zal u geven de kroon des levens."*

Zoals de Bijbel ons zegt, kunnen we het Nieuwe Jeruzalem binnengaan, de mooiste plaats van de hemel, enkel wanneer we weerstand bieden tegen de zonde, elk kwaad verwerpen, getrouw zijn, zelfs tot de dood, en onze plichten vervullen.

Moeilijkheden overwinnen door geloof

Wij moeten geloof hebben zo zuiver als goud om de twaalf poorten van het Nieuwe Jeruzalem voorbij te mogen gaan. Dit soort geloof wordt niet zomaar gegeven; enkel wanneer wij door de beproevingen van geloof heengaan en overwinnen, zullen we beloond worden met zo'n geloof net zoals een schelp enorme pijn draagt tot het een parel voortbrengt. Het is echter niet zo gemakkelijk om te zegevieren met geloof, omdat de vijand duivel en satan daar zijn, om te voorkomen dat we het geloof hebben wat gaat ten koste van alles. Bovendien, totdat wij staan op de rots van geloof, kunnen we voelen alsof de weg naar de hemel hard en pijnlijk is, omdat we intensieve gevechten tegen de vijand duivel ondergaan, zolang er leugen in ons hart is.

We kunnen echter overwinnen omdat God ons Zijn genade en kracht geeft, en de Heilige Geest ons helpt en leidt. Wanneer wij op de rots van geloof staan, na het volgen van deze stappen, zullen wij in staat zijn om allerlei soorten moeilijkheden te overwinnen en ons te verheugen in plaats van te lijden.

Boeddhistische monniken slaan hun lichamen en "maken het tot slaaf" door te mediteren, om al de wereldse zaken te verwijderen. Sommige van hen praktiseren asceses gedurende tientallen jaren, en wanneer ze sterven, wordt een aan parel gelijk voorwerp van hun overblijfsel terug gevonden. Dit wordt gevormd gedurende vele jaren van verdragen en zelfbeheersing, net zoals parels gemaakt worden door oesterschelpen.

Hoeveel zouden wij moeten verdragen en onszelf moeten beheersen van pijn als wij zouden proberen om alle wereldse pleziertjes te verwijderen en de begeerte van het lichaam te beheersen met onze eigen kracht? Gods kinderen kunnen echter snel met wereldse pleziertjes afrekenen, door de genade en kracht van God, te midden van de werken van de Heilige Geest. We kunnen ook elke moeilijkheid overwinnen door de hulp van God, en we kunnen de geestelijke wedloop lopen, omdat de hemel voor ons bereidt is.

Daarom moeten Gods kinderen die geloof hebben, hun moeilijkheden niet in pijn ondergaan, maar overwinnen ze met vreugde, dank en nemen deel aan de zegeningen die ze spoedig zullen ontvangen.

Twaalf parelen poorten zijn voor de overwinnaars in geloof

De twaalf parelen poorten dienen als overwinningsbogen voor overwinnaars in geloof, de wijze waarop overwinnende commandanten terug naar huis gaan na een succesvolle strijdt, is dat ze marcheren door een monument dat hun overwinning eert.

Vroeger, om soldaten of hun gezagvoerders die terug kwamen

van een overwinning te verwelkomen en te eren, bouwden mensen verschillende monumenten en bouwwerken, en noemde iedere zijde naar een heldhaftig man. De overwinnende generaal werd geëerd en ging door een overwinningsboog of poort, werd verwelkomd door een grote menigte, rijdend op de wagen, gezonden door de koning.

Wanneer ze de feestzaal bereikt hadden, te midden van overwinnend zingen, werden de ministers die aanwezig waren, verwelkomd door de koning en de koningin. De commandant, kwam uit de wagen en boog voor zijn koning, de koning richtte hem op en prees hem dan voor zijn voortreffelijke diensten. Daarna aten, dronken en deelden ze de vreugde van de overwinning met elkaar. De commandant ontving beloningen zoals autoriteit, rijkdom, en eer overeenkomstig aan die van de koning.

Als de autoriteit van een commandant en het leger zo groot was, hoeveel te groter zou de autoriteit zijn voor degene die de twaalf poorten van het Nieuwe Jeruzalem voorbij gaan? Ze zullen geliefd en getroost worden door Vader God en daar voor eeuwig vertoeven in de glorie die niet vergeleken kan worden met die van een commandant of soldaten die door een overwinningsboog gaan. Wanneer ze door de twaalf poorten gaan, die volledig gemaakt zijn uit parel, zullen ze herinnerd worden aan hun reis van geloof, waarin zij gestreden hebben en hun best hebben gedaan, en tranen hebben laten vloeien die opwelden vanuit het diepst van hun hart uit dankbaarheid.

De staatsie van de twaalf parelen poorten

In de hemel, zullen de mensen nooit iets vergeten, zelfs

niet na een lange periode, omdat de hemel een deel is van de geestelijke wereld. In plaats daarvan, koesteren ze de tijden van het verleden, die ze in hun herinnering kunnen ophalen.

Dat is de reden waarom dat degene die het Nieuwe Jeruzalem binnengaan, overweldigd worden wanneer ze naar de twaalf poorten van parel kijken, denkende, "Ik heb vele moeilijkheden overwonnen en ben uiteindelijk aangekomen in het Nieuwe Jeruzalem!" Ze verheugen zich in het herinneren van het feit dat ze geleden hebben en uiteindelijk gewonnen hebben van de vijand duivel en de wereld, en elke en alle leugen uit zich verwijderd hebben. Ze geven opnieuw dank aan God, de Vader, herinnerend Zijn liefde die hen geleid heeft om de wereld te overwinnen. Ze geven ook dank aan degene die hen geholpen hebben, totdat ze die plaats bereikten.

In deze wereld, verdwijnt de mate van dankbaarheid geleidelijk of neemt af, terwijl de tijd verder gaat, maar omdat er geen onoprechtheid in de hemel is, zal de dankbaarheid, vreugde en liefde van de mensen alleen maar groeien terwijl de tijd verder gaat. Dus, iedere keer wanneer de bewoners van het Nieuwe Jeruzalem naar de parelen poorten kijken, zijn ze dankbaar voor Gods liefde en aan degene die hen geholpen hebben om daar te komen.

2. Straten gemaakt van zuiver goud

Wanneer mensen hun leven op aarde herinneren en de majestueuze boogvormige parelen poorten voorbijgaan, zullen ze uiteindelijk het Nieuwe Jeruzalem binnengaan. De stad is vol van Gods glorie, het op een afstand, vredevolle geluid van engelengezang, en de milde geur van bloemen. Elke stap die ze nemen in de Stad, voelen ze een onuitsprekelijke blijdschap en opname.

De muren zijn versierd met twaalf edelstenen en de mooie parelen poorten zijn al reeds besproken. Waarvan dan zijn de straten van het Nieuwe Jeruzalem gemaakt? Zoals Openbaring 21:21 ons zegt, *"En de straat der stad was zuiver goud, gelijk doorschijnend glas."* God maakte de straten van het Nieuwe Jeruzalem met zuiver goud voor Zijn kinderen, die de Stad binnengaan.

Jezus Christus: de weg

In deze wereld zijn er vele soorten wegen, variërend van een gebaand pad tot spoorwegen, van kleine straten tot snelwegen. Afhankelijk van de bestemming en de nood, nemen mensen verschillende wegen. Om naar de hemel te gaan, is er maar één weg: Jezus Christus.

Ik ben de weg, de waarheid en het leven, niemand komt tot de Vader dan door Mij (Johannes 14:6).

Jezus, de enige Zoon van God, opende de weg tot redding, door gekruisigd te worden voor de gehele mensheid, die voor eeuwig zouden sterven vanwege hun zonden, en stond de derde dag op. Wanneer wij geloven in Jezus Christus, zijn we gekwalificeerd om eeuwig leven te ontvangen. Daarom, is Jezus Christus de enige weg naar de hemel, redding en eeuwig leven. Bovendien, is het de weg tot eeuwig leven om Jezus Christus aan

De Hemel II

te nemen en Zijn natuur te evenaren.

Gouden straten

Aan iedere zijde van de Rivier van het water des Levens zijn straten die iedereen toelaten om gemakkelijk de troon van God te vinden in de onbegrensde hemel. De Rivier van het Water des Levens vindt zijn oorsprong bij de troon van God en van het Lam, stroomt door de Stad van het Nieuwe Jeruzalem en alle verblijfplaatsen in de hemel en keert terug tot Gods troon.

En hij toonde mij een rivier van water des levens, helder als kristal, ontspringende uit de troon van God en van het Lam. Midden op haar straat en aan weerszijden van de rivier staat het geboomte des levens, dat twaalfmaal vrucht draagt, iedere maand zijn vrucht gevende; en de bladeren van het geboomte zijn tot genezing der volkeren (Openbaring 22:1-2).

Geestelijk, symboliseert "water" het woord van God, en omdat we leven verkrijgen door Zijn woord en de weg van het eeuwige leven gaan door Jezus Christus, stroomt het Water des Levens van de troon van God en van het Lam.

Bovendien, daar de Rivier van het Water des Levens de hemel omsingelt, kunnen we heel gemakkelijk het Nieuwe Jeruzalem bereiken, enkel door de gouden straten te volgen aan beide zijden van de Rivier.

De betekenis van de gouden straten

De gouden straten zijn niet alleen gelegd in het Nieuwe Jeruzalem, maar door alle plaatsen in de hemel. Net zoals de stralendheid, materiaal en schoonheid echter verschilt van elke verblijfplaats, verschillen ook de stralendheid van de gouden straten in elke verblijfplaats.

Zuiver goud in de hemel, in tegenstelling tot goud gevonden op deze wereld, is niet zacht maar vast. En toch wanneer we wandelen over deze gouden straten, voelt het heel zacht aan. Bovendien, in de hemel is er geen stof of iets vuil, en omdat niets vergaat in de hemel, worden de gouden straten nooit beschadigd. Aan beide zijden van de straten, bloeien mooie bloemen en ze groeten Gods kinderen, die over de straten wandelen.

Wat dan is de betekenis en de reden waarom de straten van zuiver goud gemaakt zijn? Het is om ons eraan te herinneren dat des te reiner hun harten zijn, des te beter hun verblijfplaats in de hemel zal zijn. Bovendien, daar we het Nieuwe Jeruzalem, enkel binnen kunnen gaan wanneer we voortgaan naar de Stad met geloof en hoop, heeft God de straten gemaakt met zuiver goud, welke staat voor geestelijk geloof en de vurige hoop geboren uit dit geloof.

Bloemen wegen

Net zoals er verschillen zijn in het wandelen op een vers gemaaid grasperk, rotsen, bestraatte wegen enzovoort, is er ook een verschil tussen het wandelen op gouden straten en bloemen wegen. Er zijn ook andere wegen gemaakt van edelstenen, en er is een onderscheiding in geluk wat je voelt terwijl je erop wandelt. We merken ook het verschil op van comfort onder verschillende betekenissen van transport zoals vliegtuig, trein, of bus, en het is ook zo in de hemel. Zelf op de wegen wandelen is totaal anders van het automatisch verplaatsen door Gods kracht.

De bloemen wegen in de hemel hebben niet de bloemen aan beide zijde van de wegen, omdat de wegen zelf van bloemen gemaakt zijn, zodat mensen over de bloemen kunnen wandelen. Het voelt heel zacht en donzig aan, zoals wandelen over een zacht kleedje met blote voeten. De bloemen worden niet beschadigd of verdorren niet, omdat onze lichamen geestelijke lichamen zijn, die heel licht zijn, en de bloemen worden niet vertrapt.

Bovendien, verheugen hemelse bloemen zich en geven hun geur af wanneer de kinderen van God over hen wandelen. Dus wanneer ze wandelen over de bloemen wegen, worden de geuren opgenomen in hun lichamen, zodat hun harten gezegend, verfrist en gelukkig zijn.

Wegen van edelsteen

De wegen zijn gemaakt van edelstenen met vele soorten stralende kleuren en vol van mooie lichten, en wat nog interessanter is, ze schijnen mooier dan lichten, wanneer geestelijke lichamen erover heen wandelen. Zelfs de edelstenen geven geuren af, en het geluk en de vreugde die je voelt zijn onvergelijkbaar. We kunnen ook een beetje trilling voelen wanneer we wandelen over de wegen van edelstenen, omdat het voelt alsof je over water loopt. Het wil echter niet zeggen dat het voelt alsof we gaan zinken in het water of verdrinken, maar het voelt aan als een extase, elke stap die we zetten met een beetje melodie.

We kunnen echter wegen van edelstenen vinden, enkel op bepaalde plaatsen in de hemel. Met andere woorden, ze worden gegeven als beloning in en rondom de huizen van degenen wiens hart gelijkt op dat van de Here en een groot deel hebben volbracht in Gods voorzienigheid van de menselijke ontwikkeling. Het is zoals de weg, zelfs een kleine gang die al versierd is met elegante decoraties gemaakt van de hoogste kwaliteit materialen in een Koninklijk paleis of kasteel.

Mensen worden niet moe of vermoeid met iets in de hemel, er is enkel liefde voor eeuwig, omdat het de geestelijke wereld is. Ze voelen ook meer vreugde en blijdschap, omdat zelfs een klein voorwerp vastzit aan een geestelijke betekenis, en de liefde en verering van mensen neemt overeenkomstig toe.

Hoe mooi en wonderlijk is het Nieuwe Jeruzalem! Het is voorbereid door God voor zijn geliefde kinderen. Zelfs de mensen in het Paradijs, het eerste, tweede, en derde koninkrijk van de hemel verheugen zich en worden dankbaarder wanneer ze de parelen poorten voorbij gaan met een uitnodiging voor het Nieuwe Jeruzalem.

Kan jij je voorstellen hoeveel te meer de kinderen van God dankbaar zouden zijn en vreugdevol over het feit dat ze aangekomen zijn in het Nieuwe Jeruzalem als gevolg van hun getrouwheid in het volgen van de Here, de echte weg?

De Hemel II

Drie sleutels om de Stad van het Nieuwe Jeruzalem binnen te gaan

Het Nieuwe Jeruzalem is een kubusvormige stad met een breedte, lengte en hoogte van 2400 km. De stadsmuur heeft in totaal twaalf poorten en twaalf fundamentele stenen. De stadsmuur, de twaalf poorten en de twaalf fundamentele stenen hebben een geestelijke betekenis. Wanneer wij die betekenissen begrijpen en ze in ons hart volbrengen, dan kunnen wij de geestelijke kwalificaties hebben om het Nieuwe Jeruzalem binnen te gaan. In deze betekenis, zijn die geestelijke betekenissen de sleutels om de Stad van het Nieuwe Jeruzalem binnen te gaan.

De eerste sleutel om het Nieuwe Jeruzalem binnen te gaan is verborgen in de stadsmuur. Zoals opgeschreven staat in Openbaringen 21:18, *"En de bouwstof van haar muur was diamant; en de stad was zuiver goud, gelijk zuiver glas,"* is de stadsmuur gemaakt van diamant, welke geestelijk het geloof symboliseert welke welgevallig is voor God.

Geloof is het meest fundamentele en essentiële ding in het Christelijke leven. Zonder geloof kunnen wij niet gered worden en kunnen wij God niet behagen. Om in de Stad van het Nieuwe Jeruzalem te komen, moeten wij het geloof hebben dat God welgevallig is – het vijfde niveau van geloof, welke het hoogste niveau van geloof is. Daarom, is de eerste sleutel het vijfde niveau van geloof – het geloof dat God behaagt.

De tweede sleutel wordt gevonden in de twaalf fundamentele stenen. De consolidatie van het geestelijke hart vertegenwoordigt door de twaalf fundamentele stenen is de volmaakte liefde, en deze volmaakte liefde is de tweede sleutel tot het Nieuwe Jeruzalem.

De twaalf fundamenten zijn gemaakt van verschillende edelstenen. Elke edelsteen van de twaalf fundamenten symboliseert een specifiek soort van geestelijk hart. Daar zijn de harten van geloof, oprechtheid, offeren, gerechtigheid, getrouwheid, passie, genade, geduld, goedheid, zelfbeheersing, reinheid en zachtmoedigheid. Wanneer wij al deze karakters samenbrengen, vormen ze het hart van Jezus Christus en God de Vader, die de liefde Zelf is. In het kort samengevat, is de tweede sleutel om het Nieuwe Jeruzalem binnen te kunnen gaan, de volmaakte liefde.

De derde sleutel die verborgen ligt in de Stad van het Nieuwe Jeruzalem zijn de twaalf paarlen poorten. Door de parel, wil God dat wij beseffen hoe we het Nieuwe Jeruzalem kunnen binnengaan. Een parel wordt op een hele andere manier gemaakt dan andere edelstenen. Al het goud, zilver en kostbare edelstenen die de 12 fundamentele stenen maken, komen allemaal van de aarde. Maar een parel wordt op unieke wijze gemaakt uit een levend ding.

De meeste parels worden gemaakt door het parelmoer van oesters. De pareloester verdraagt pijn en maakt in het geheim parelmoer aan om een parel te maken. Op gelijke wijze, moeten Gods kinderen pijn verdragen totdat zij het beeld van God volkomen hebben hersteld.

God de Vader wil die kinderen verkrijgen die zichzelf niet opnieuw vuil maken, nadat ze gewassen zijn door het bloed van

Jezus Christus, maar Vader God behagen met volmaakt geloof. Om dit volmaakte geloof te bezitten, vereist dat van ons dat we een waarachtig hart hebben. We kunnen een waarachtig hart hebben, wanneer we alle zonden en slechtheid uit ons hart hebben verwijderd en het vervangen met goedheid en liefde.

Om die reden staat God ons toe om door beproevingen van geloof te gaan totdat we een waarachtig hart hebben en een volmaakt geloof. Hij laat ons onze zonden en slechtheid in onze harten ontdekken door verschillende soorten van situaties op ons pad te brengen. Wanneer wij onze zonden en slechtheid vinden, zullen we de pijn in onze harten voelen. Het is als een scherpe indringer die in een pareloester dringt en in het zachte vlees van de oester prikt. Op dezelfde wijze als de pareloester de ongewenste indringer laag per laag overdekt met parelmoer, en daar een laag aan toevoegt, wanneer wij door beproevingen van geloof gaan, zal de parelmoer van ons hart ook dikker worden. Terwijl een pareloester een parel maakt, moeten wij als gelovigen ook een geestelijke parel maken om het Nieuwe Jeruzalem binnen te mogen gaan. Dit is de derde sleutel om het Nieuwe Jeruzalem binnen te gaan.

Ik wens voor je dat je de geestelijke betekenissen die in de stadsmuren van het Nieuwe Jeruzalem, de twaalf poorten van de muur, en de twaalf fundamentele stenen, zijn opgenomen zult begrijpen en dat je de drie sleutels zult bezitten, door de geestelijke kwalificaties te bezitten om het Nieuwe Jeruzalem binnen te gaan.

Hoofdstuk 7

Het allerliefste tafereel

1. Geen nood voor zonlicht of maanlicht
2. De opname van het Nieuwe Jeruzalem
3. Voor eeuwig met de Here, onze bruidegom
4. De glorie van de bewoners van het Nieuwe Jeruzalem

En een tempel zag ik in haar niet, want de Here God, de Almachtige, is haar tempel, en het Lam. En de stad heeft de zon en de maan niet van node, dat die haar beschijnen, want de heerlijkheid Gods verlicht haar en haar lamp is het Lam. En de volken zullen bij haar licht wandelen en de koningen der aarde brengen hun heerlijkheid in haar; en haar poorten zullen nooit gesloten worden des daags, want daar zal geen nacht zijn; en de heerlijkheid en de eer der volken zullen in haar gebracht worden. En in haar zal niets onreins binnenkomen, en niemand, die gruwel en leugen doet, maar alleen zij, die geschreven zijn in het boek des levens van het Lam.

- Openbaringen 21:22-27 -

De apostel Johannes, aan wie de Heilige Geest het Nieuwe Jeruzalem liet zien, nam het uitzicht van de stad tot in detail op, terwijl hij ernaar keek vanaf een hogere plaats. Johannes had lang verlangd naar het zien van de binnenkant van het Nieuwe Jeruzalem, en toen hij uiteindelijk de binnenkant zag, welke zo mooi was, bracht hem in extase. Als wij voldoen aan de eisen om het Nieuwe Jeruzalem binnen te gaan en voor de poort te staan, zullen wij in staat zijn om de boogvormige parelen poort open te zien, welke te groot voor ons is om het einde ervan te zien.

Op dat moment komen de onuitsprekelijke mooie lichten van de Stad van het Nieuwe Jeruzalem ons tegemoet en omringen onze lichamen. We voelen de grote liefde van God van op een afstand en kunnen onze tranen niet beheersen.

De overstromende liefde van God de Vader voelen, die ons beschermt heeft met Zijn vurige ogen, de genade van de Here die ons vergeven heeft met Zijn bloed aan het kruis, en de liefde van de Heilige Geest die in onze harten verblijft, die ons geleid heeft om in waarheid te leven, zullen wij oneindig glorie en eer geven.

Laat ons nu enkele details bestuderen van de Stad van het Nieuwe Jeruzalem, gebaseerd op wat de Apostel Johannes zag.

1. Geen nood voor zonlicht of maanlicht

De apostel Johannes, keek naar het tafereel binnen in het Nieuwe Jeruzalem, welke gevuld was met Gods glorie, en beleed het volgende:

De Hemel II

> *En de stad heeft de zon en de maan niet van node, dat die haar beschijnen, want de heerlijkheid Gods beschijnt haar, en haar lamp is het Lam* (Openbaring 21:23).

Het Nieuwe Jeruzalem is gevuld met Gods glorie, omdat God Zelf in de Stad verblijft en er heerst, en daar in is het hoogtepunt van de geestelijke wereld waar God Zichzelf vormde in de Drieeenheid voor de menselijke ontwikkeling.

Gods glorie schijnt op het Nieuwe Jeruzalem

De reden dat God de zon en de maan geplaatst heeft voor deze aarde, is om ons te laten erkennen goed en kwaad, en om de geest van het vlees te onderscheiden door het licht en de duisternis, zodat we kunnen leven als echte kinderen van God. Hij weet alles over de geest en het vlees, en goed en kwaad, maar de mensen kunnen deze dingen niet beseffen zonder de menselijke ontwikkeling, omdat ze alleen maar schepsels zijn.

Toen de eerste mens Adam in de Hof van Eden was, voor het begin van de menselijke ontwikkeling, kon hij nooit te weten komen over kwaad, dood, duisternis, armoede en ziekte. Daarom kon hij niet de echte betekenis en geluk van het leven beseffen, of dankbaar zijn aan God die hem alles gegeven had, ondanks dat zijn leven zo overvloedig was.

Voor Adam, om echte gelukzaligheid te kennen, moest hij huilen, treuren, pijn lijden en ziekte en de dood ervaren, en dit is het proces van menselijke ontwikkeling. Voor meer details verwijs ik je naar *De Boodschap van het Kruis*.

Uiteindelijk deed Adam de zonde van ongehoorzaamheid, door te eten van de boom van kennis van goed en kwaad, en werd naar deze aarde verdreven, en begon de betrekkelijkheid te ervaren. Enkel daarna, kon hij beseffen hoe overvloedig, gelukkig en mooi zijn leven in de Hof van Eden was, en dank geven aan God in zijn echte hart.

Zijn nakomelingen begonnen ook licht van duister te onderscheiden, geest van vlees en goed van kwaad, door de menselijke ontwikkeling, terwijl ze vele soorten moeilijkheden ervoeren. Daarom, eens we redding ontvangen en naar de hemel gaan, zullen het licht van de zon en de maan niet meer van node zijn, die nodig waren voor de menselijke ontwikkeling.

Daar God zelf in de Stad van het Nieuwe Jeruzalem verblijft, is er helemaal geen duisternis. Bovendien, het licht van Gods glorie schijnt het meest in het Nieuwe Jeruzalem; volledig vanzelfsprekend, heeft de Stad geen behoefte aan de zon of de maan, of enige lampen om er op te schijnen.

Het Lam, die de lamp van het Nieuwe Jeruzalem is

Johannes kon geen enkel licht vinden zoals de zon of de maan, of enige andere soort van lichtgevende gloeilampen. Dat komt omdat Jezus Christus, die het Lam is, de lamp in de stad van het Nieuwe Jeruzalem wordt.

Sinds, de eerste mens Adam, de zonde van ongehoorzaamheid deed, kwam het menselijke ras in de val van de dood (Romeinen 6:23). De God van liefde, zond Jezus naar deze aarde om dit zonde probleem op te lossen. Jezus, de Zoon van God die in het vlees naar deze aarde kwam, reinigde onze zonden door Zijn bloed te vergieten, en werd de eerste vrucht van de opstanding door de kracht van de dood te verbreken.

Als gevolg, al degene die Jezus Christus aannemen als hun persoonlijke Redder, ontvangen leven en kunnen deelnemen aan de opstanding, genieten van het eeuwige leven in de hemel, en antwoord ontvangen op alles wat ze vragen op deze aarde. Bovendien, Gods kinderen kunnen het licht van de wereld worden, door zelf in het licht te leven, en glorie te geven aan God door Jezus Christus. Met andere woorden, de wijze waarop een lamp licht uitstraalt, schijnt het licht van Gods glorie stralender door de Redder Jezus.

2. De opname van het Nieuwe Jeruzalem

Wanneer wij kijken in de Stad van het Nieuwe Jeruzalem van veraf, kunnen wij mooie gebouwen zien, die gemaakt zijn van vele soorten kostbare gesteenten en goud door de wolken van glorie. De hele Stad lijkt levend met een mengsel van vele soorten lichten: de lichten die uit de huizen komen, gemaakt van kostbare gesteenten; het licht van Gods glorie; en de lichten die komen van de muren gemaakt van diamant en zuiver goud in duidelijke en blauwachtige kleuren.

Hoe kunnen we in woorden de emoties en opwinding beschrijven van het binnengaan van het Nieuwe Jeruzalem? De Stad is zo mooi, prachtig, en extatisch, welke elke verbeelding te boven gaat. In het centrum van de Stad is de Troon van God, de oorsprong van de Rivier van het Water des Levens. Rondom Gods troon zijn de huizen van Elia, Henoch, Abraham, Mozes,

Maria Magdalena, en de maagd Maria, allen die zeer, zeer geliefd waren door God zelf.

Het kasteel van de Here

Het kasteel van de Here, is rechts, beneden gelegen van Gods troon, waar Hij verblijft voor aanbiddingdiensten of feestmalen in de Stad van het Nieuwe Jeruzalem. In het kasteel van de Here, is er een groot gebouw met een gouden dak in het midden, en rondom zijn er eindeloos vele soorten van gebouwen. Er zijn vooral vele gouden kruisen van glorie, omringt door stralende lichten, over de gouden, koepelvormige daken. Ze herinneren ons aan het feit dat we redding ontvingen en aangekomen zijn in de hemel, vanwege Jezus die het Kruis nam.

Het grote gebouw in het centrum is een cilindervormige structuur, maar omdat het versierd is met vele nauwkeurige kunstvaardige edelstenen, schijnen er mooie lichten van elke edelsteen, die gemengd worden om de kleuren van de regenboog te maken. Als we Gods kasteel zouden moeten vergelijken met een gebouw met mensenhanden gemaakt van de aarde, dan lijkt het het meest op de St. Basilicum kathedraal in Moskou, Rusland. De stijl, bouwstoffen en grote zijn echter niet te vergelijken, met het mooist versierde gebouw van deze aarde.

Buiten dit gebouw in het centrum, zijn er nog vele gebouwen in het kasteel van de Here. God, de Vader Zelf, heeft deze gebouwen voorzien, zodat degene die een dichte relatie in de geest hebben, er met hun geliefde kunnen verblijven. Staande tegenover het kasteel van de Here, staan de huizen van de twaalf discipelen. Vooraan zijn de huizen van Petrus, Johannes en

Jakobus, en de andere discipelen staan achter hen. Wat is er zo bijzonder aan dat er plaatsen zijn voor Maria Magdalena, en de maagd Maria om in het kasteel van de Here te verblijven. Natuurlijk zijn deze plaatsen voor de twee vrouwen om daar tijdelijk te verblijven wanneer ze uitgenodigd worden door de Here, en hun eigenlijke, aan een kasteel gelijke verblijfplaatsen zijn dicht bij Gods troon gelegen.

Het kasteel van de Heilige Geest

Links, beneden Gods troon, is het kasteel van de Heilige Geest. Dit reusachtige kasteel vertegenwoordigt de zachtmoedige, en zachte, moederlijke karakterkenmerken van de Heilige Geest met vele harmonieuze koepelvormige gebouwen van verschillende grote.

Het dak van het grootste gebouw in het centrum van het kasteel, gelijkt op een groot stuk Sardius, welke passie vertegenwoordigt. Rondom dit gebouw stroomt de Rivier van het Water des Levens, welke zijn oorsprong vindt bij de Troon van God en het kasteel van de Here.

Alle kastelen in het Nieuwe Jeruzalem zijn zo bovenmate reusachtig en prachtig, maar het kasteel van de Here en de Heilige Geest zijn vooral prachtig en mooi. De grote lijkt eerder op die van een stad dan van een kasteel, en ze zijn in een bijzondere stijl gebouwd. Dat komt omdat, in tegenstelling tot andere huizen die gebouwd zijn door engelen, zijn ze door God de Vader Zelf gebouwd. Bovendien, zoals het kasteel van de Here, zijn de huizen van degene die verenigd zijn met de Heilige Geest en Gods koninkrijk volbracht hebben in het tijdperk van de Heilige Geest, mooi gebouwd, rondom het kasteel van de Heilige Geest.

Het grote heiligdom

Er zijn vele gebouwen in aanbouw rondom het kasteel van de Heilige Geest, en er is een bijzonder prachtig en groot gebouw. Het heeft een rond dak en twaalf grote pilaren, en er zijn twaalf grote poorten tussen de pilaren. Dit is het Grote Heiligdom gemaakt na de Stad van het Nieuwe Jeruzalem.

Johannes zegt echter in Openbaring 21:22, *"en een tempel zag ik in haar niet, want de Here God, de Almachtige, is haar tempel en het Lam."* Waarom kon Johannes geen tempel zien? Mensen denken gewoonlijk dat God een plaats nodig heeft om te zijn, d.w.z. in een tempel, zoals wij een verblijfplaats nodig hebben. Daarom, op deze aarde, aanbidden wij Hem in een heiligdom, waar Gods woord wordt verkondigd.

Zoals geschreven staat in Johannes 1:1, *"In den beginne was het woord, en het Woord was bij God en het Woord was God."* Waar het woord is, daar is God; overal waar het Woord gepreekt wordt, is het heiligdom. God zelf verblijft echter in de Stad van het Nieuwe Jeruzalem. God, die Zelf het Woord is, en het Lam die een is met God, verblijven in de Stad van het Nieuwe Jeruzalem, dus er is geen andere tempel nodig. Dus, door de apostel Johannes, liet God ons weten dat er geen tempel nodig is, en dat God en de Here de tempel zijn in het Nieuwe Jeruzalem.

Dan zijn we in verbazing, waarom wordt het Grote Heiligdom dat niet gebouwd werd in de tijd van de Apostel Johannes, vandaag gebouwd? Zoals we terug kunnen vinden in Handelingen

17:24 *"De God, die de hemel gemaakt heeft, en al wat daarin is, die een Heer is van hemel en aarde, woont niet in tempels met handen gemaakt,"* God verblijft niet in een specifiek tempelgebouw. Evenzo, ook al is Gods troon in de hemel, toch wil Hij nog het Grote Heiligdom bouwen welke Zijn Glorie vertegenwoordigd; het Grote Heiligdom wordt een standvastig bewijs in het weergeven van Gods kracht en glorie over de hele wereld.

Vandaag de dag, zijn er vele grote en prachtige gebouwen op deze aarde. Mensen investeren grote bedragen van geld en bouwen mooie constructies voor hun eigen glorie en overeenkomstig hun eigen verlangens, maar niemand doet hetzelfde voor God, die echt waardig is om alle glorie te ontvangen. Daarom wil God een mooi en prachtig Groot Heiligdom bouwen door Zijn kinderen die de Heilige Geest ontvangen hebben en geheiligd zijn. Hij, dan, wil hiermee verheerlijkt worden door de mensen van alle naties (1 Kronieken 22:6-16).

Evenzo, wanneer het mooie Grote heiligdom gebouwd is zoals God het wil, zullen alle mensen van alle naties God verheerlijken en zichzelf voorbereiden als bruiden van de Here, om Hem te ontvangen. Dat is de reden waarom God het Grote Heiligdom heeft voorbereid als een centrum van evangelisatie om talloze mensen te leiden op de weg van redding, en hen tenslotte te leiden naar het Nieuwe Jeruzalem. Als wij deze voorzienigheid van God begrijpen, zal Hij ons overeenkomstig onze daden belonen en hetzelfde Grote Heiligdom bouwen in de Stad van het Nieuwe Jeruzalem.

Dus, wanneer we naar het Grote Heiligdom kijken, welke gemaakt is van edelstenen en goud, welke niet vergeleken kunnen worden met enige bouwstof van deze aarde, degene die de hemel binnengaan, zullen eeuwig dankbaar zijn voor Gods liefde die hen geleid heeft naar de weg van glorie en zegening door de menselijke ontginning.

Hemelse huizen versierd met edelstenen en goud

Rondom het kasteel van de Heilige Geest zijn de huizen versierd met vele soorten kostbaar gesteenten, en zijn er vele huizen die in aanbouw zijn. We kunnen vele engelen zien werken, die hier en daar mooie edelstenen aanbrengen of die het zicht van de huizen verfraaien. Op deze wijze, geeft God beloningen overeenkomstig de daden van ieder persoon en plaatst hen in zijn of haar huis.

God toonde mij een keer de huizen van twee zeer getrouwe medewerker in deze gemeente. Een van hen was een grote kracht voor de gemeente door dag en nacht te bidden voor het koninkrijk van God, en haar huis is gebouwd met een geur van gebed en volharding, en het is versierd vanaf de binnenkomst met stralende edelstenen.

Ook, om haar zoete karakter onder te brengen, is er een tafel in een hoek van de tuin, waar ze thee kan drinken met haar geliefden. Er zijn vele soorten kleine bloemen van verschillende kleuren in het grasveld. Dit is enkel een beschrijving van de binnenkomst en de tuin het huis van die persoon. Kan jij je voorstellen hoeveel mooier het hoofdgebouw zal zijn?

Het andere huis dat de Here me liet zien, behoorde aan een werker die zichzelf had toegewijd om letterlijk te evangeliseren over de hele aarde. Ik kon een kamer zien onder vele van het hoofdgebouw. Er was een kantoor, een stoel, een kandelaar, en ze waren allemaal van goud gemaakt, en er waren vele boeken in deze kamer. Dit is als beloning en om te herinneren haar werk van het verheerlijken van God, door evangelisatie, en omdat God wist dat ze heel veel van lezen houdt.

Evenzo, bereid God niet alleen onze hemelse huizen, maar geeft ons ook mooie dingen, die we ons niet kunnen voorstellen, om ons te belonen voor het opgeven van wereldse pleziertjes van deze aarde, om onszelf volledig toe te wijden aan de volbrenging van Gods koninkrijk.

3. Voor eeuwig met de Here, onze bruidegom

In de Stad van het Nieuwe Jeruzalem, worden er continu vele soorten feestmalen gehouden, inclusief degene die gehouden worden door God de Vader. Dat komt omdat degene die in het Nieuwe Jeruzalem leven, broeders en zusters kunnen uitnodigen die in andere verblijfplaatsen leven van de hemel.

Hoe glorieus en gelukzalig zal het zijn, als je kan leven in het Nieuwe Jeruzalem en uitgenodigd wordt door de Here, om liefde met Hem te delen en deze aangename feestmalen bij te wonen!

Warm welkom bij het kasteel van de Here

Wanneer mensen in het Nieuwe Jeruzalem uitgenodigd worden door de Here, hun Bruidegom, versieren zij zichzelf als de mooiste bruiden en met vreugdevolle harten verzamelen ze zich bij het kasteel van de Here. Wanneer deze bruiden van de Here, aankomen bij Zijn kasteel, verwelkomen twee engelen, aan beide zijden van de stralende hoofdpoort, hen beleefd. Op dat moment, omringen de geuren van de wanden die gedecoreerd zijn met vele edelstenen en bloemen, hun lichamen om toe te voegen aan hun vreugde.

Terwijl ze de hoofdingang binnengaan, wordt het geluid van lofprijs die de diepste zijde van hun geest aanraakt, vaag gehoord. Dan, bij het horen van dit geluid, overstroomt vrede, geluk en dankbaarheid voor Gods liefde hun harten, omdat ze weten dat Hij hen daar geleid heeft.

Terwijl ze wandelen over de gouden wegen, zo helder als glas, om het hoofdgebouw te bereiken, worden ze begeleid door engelen en gaan vele mooie gebouwen en tuinen voorbij. Totdat ze het hoofdgebouw bereiken, hun harten kloppen in de hoop om de Here te ontmoeten. Terwijl ze dichterbij het hoofdgebouw komen, kunnen ze zien dat de Here Zelf op hen wacht, om hen te ontvangen. Tranen hinderen hun zicht, maar ze rennen naar de Here met het diepste verlangen om Hem spoediger te zien. De Here wacht op hen met open armen, en Zijn aangezicht is vol liefde en zachtmoedigheid, Hij knuffelt met ze allemaal.

De Here vertelt hen, "Kom, Mijn mooie bruiden! Jullie zijn hartelijk welkom!" Degene die uitgenodigd zijn belijden hun liefde aan Zijn boezem, zeggende, "Ik ben zo dankbaar vanuit het diepst van mijn hart, dat U mij uitgenodigd hebt!" Daarna, wandelen ze samen, hier en daar, hand in hand met de Here, zoals een koppel wat stapelverliefd is, en hebben liefelijke

De Hemel II

conversaties, waar ze zo naar verlangd hebben vanaf hun tijd op de aarde. Aan de rechterzijde van het hoofdgebouw is een groot meer, en de Here verklaart tot in detail Zijn gevoelens en omstandigheden van Zijn bediening op de aarde.

Het meer als herinnering aan het Meer van Galilea

Waarom herinnert dit meer hen aan het Meer van Galilea? God maakte dit Meer ter herinnering, omdat de Here begon en veel van Zijn bediening deed rondom Meer van Galilea (Matteüs 4:23). Jesaja 8:23 *"Doch er zal geen donkerheid wezen voor het land, dat in benauwdheid was. Zoals Hij in het verleden smaad bracht over het land Zebulon en over het land van Naftali, zo brengt Hij in de toekomst eer over de weg der zee, de overzijde van de Jordaan, de landstreek der Heidenen."* Het was geprofeteerd dat de Here zijn bediening zou beginnen bij het Meer van Galilea en de profetie werd vervuld.

Vele vissen die verschillende kleuren licht geven, zwemmen in dit grote meer. In Johannes 21, verschijnt de opgestane Heer aan Petrus, die geen enkele vis gevangen had, en zei tot hem, *"Werpt u net uit aan de rechterzijde van het schip, en gij zult vinden"* (v. 6), en toen hij dat deed, ving hij 153 vissen. In het meer van het kasteel van de Here zijn er ook 153 vissen, en dit is ook ter herinnering aan de bediening van de Here. Wanneer deze vissen naar boven springen in de lucht en allerlei leuke trucjes doen, veranderen hun kleuren op vele wijzen om de vreugde en plezier van de uitgenodigde te doen toenemen.

De Here wandelt ook over het meer, net zoals Hij dat deed op het Meer van Galilea, op deze aarde. Dan zouden degene die uitgenodigd zijn gaan staan rond het meer in blijdschap, in verlangen om de Here te horen spreken. Hij legt tot in detail uit de situatie toen Hij over het Meer van Galilea wandelde. Petrus dan, die kon wandelen over het water voor een ogenblik, door het Woord van de Here te gehoorzamen, had spijt dat hij begon te zinken om dat hij een klein geloof had (Matteüs 14:28-32).

Een museum als eerbetoon voor de bediening van de Here

Het bezoeken van verschillende locaties met de Here, doet de mensen nu denken aan hun ontwikkeling op deze aarde, en worden ze overweldigd door de liefde van de Vader en de Here, die de hemel hebben voorbereid. Ze komen aan bij het museum aan de linkerkant van het hoofdgebouw in het kasteel van de Here. God Zelf heeft het gebouwd ter gedachtenis aan de bediening van de Here op deze aarde, zodat de mensen het kunnen voelen en zien zoals het in werkelijkheid was. Bijvoorbeeld, de plaats waar Jezus veroordeeld werd door Pontius Pilatus, en de Via Dolorosa waar hij Zijn kruis op zich nam naar Golgotha, zijn precies zo herbouwd. Wanneer mensen deze plaatsen zien, legt de Here de situaties uit, zoals ze geweest zijn.

Niet zo lang geleden, leerde ik door de inspiratie van de Heilige Geest wat de Here toen beleed, en ik zou graag een deel ervan willen delen met jou. Het is een innige belijdenis van de Here, die naar deze wereld kwam na het verlaten van de glorie van de hemel, die Hij maakte terwijl Hij wandelde naar Golgotha met het kruis.

De Hemel II

Vader! Mijn Vader!
Mijn Vader, die volmaakt in het licht is,
U houdt werkelijk van alles!
Het land waarop ik wandelde,
Voor de eerste keer met U
En de mensen,
Sinds U ze geschapen hebt,
Zijn nu zo corrupt geworden...

Nu besef Ik
Waarom U Mij naar hier gezonden hebt,
Waarom Ik deze moeilijkheden moet lijden,
Die komen van de corrupte harten van mensen,
En waarom U Mij liet hier nederdalen,
Vanuit de glorieuze plaats in de hemel!
Nu kan Ik alle dingen
Voelen en beseffen
In de diepte van Mijn hart.

Maar Vader!
Ik weet dat U alles zal herstellen
In Uw gerechtigheid en verborgen geheimen.
Vader!
Al deze dingen zijn maar tijdelijk.
Maar vanwege de glorie
Dat U Mij zal geven,
En de wegen van licht
Die U opent voor deze mensen,
Vader,

Neem Ik dit kruis met hoop en vreugde.

Vader, Ik ben in staat om deze weg te gaan
Omdat Ik geloof
Dat U deze weg en licht zal openen
Met Uw toestemming en in Uw liefde,
En U zal Uw Zoon bestralen
Met de mooie lichten
Wanneer al deze dingen
Over een korte periode voorbij zijn.

Vader!
Het land waar Ik gewoonlijk over wandelde is gemaakt van goud,
De geuren van de bloemen die Ik gewoonlijk rook,
Kunnen niet vergeleken worden
Met die van deze aarde,
De stoffen van de kleren
Die ik gebruikelijk draag
Zijn zo anders dan die van hier,
En de plaats waar Ik gewoonlijk leefde,
Is zo'n glorieuze plaats.
En ik zou willen dat deze mensen
Deze mooie en vredevolle plaats kennen.

Vader,
Ik besef een klein beetje van Uw voorzienigheid.
Waarom U Mij geboren liet worden,
Waarom U Mij hier liet komen

De Hemel II

Om in dit corrupte land te wandelen,
En de gedachten van de corrupte mensen te kennen.
Ik prijs U, Vader
Voor Uw liefde, grootheid,
En al deze dingen die perfect zijn.

Mijn dierbare Vader!
Mensen denken dat Ik Mijzelf niet verdedig,
Dat Ik beweer de Koning der Joden te zijn.
Maar Vader,
Hoe kunnen ze herinneringen grijpen
Die vanuit Mijn hart stromen,
De liefde voor de Vader, die vanuit Mijn hart stroomt,
De liefde voor deze mensen
Die in Mijn hart stroomt?

Vader,
Vele mensen zullen beseffen en begrijpen
De dingen die later zullen gebeuren
Door de Heilige Geest
Die U hen zal geven als een geschenk
Nadat Ik ben heengegaan.
Vanwege deze tijdelijke pijn,
huil alstublieft niet, Vader
en keer Uw aangezicht niet van Mij af.
Laat Uw hart niet vervuld zijn met pijn,
Vader!

Vader, Ik hou van U!

Totdat Ik gekruisigd wordt,
Mijn bloed vergiet en Mijn laatste adem geef,
Vader, denk Ik aan alle dingen
En het hart van deze mensen.

Vader, heb geen spijt,
Maar wees verheerlijkt door Uw Zoon,
En de voorzienigheid en de plannen van de Vader
Zullen volkomen zijn voor eeuwig en eeuwig.

Jezus legde uit, wat er door Zijn gedachten ging terwijl Hij aan het kruis hing: de glorie van de hemel; Hijzelf staande voor de Vader, de mensen; de reden waarom de Vader Hem deze plicht had gegeven, enzovoort.

Degene die uitgenodigd zijn tot het kasteel van de Here, huilen terwijl ze hiernaar luisteren en danken de Here in tranen om het nemen van het kruis in hun plaats, en belijden vanuit het diepst van hun harten, "Mijn Here, U bent mijn Echte Redder!"

Ter nagedachtenis van de moeilijkheden van de Here, maakte God vele wegen van edelstenen in het kasteel van de Here. Wanneer iemand over de wegen wandelt die gebouwd zijn met vele edelstenen van vele kleuren, wordt het licht stralender en het voelt alsof je over het water loopt. Bovendien, ter herinnering aan het hangen aan het kruis om de mensheid van hun zonde te verlossen, heeft God, de Vader daar een houten kruis gemaakt, besmeerd met bloed. Daar is ook de stal van Betlehem waarin de Here geboren werd, en er zijn vele dingen te zien en te voelen van de bediening van de Here, zoals het werkelijk was. Wanneer mensen deze plaatsen bezoeken, kunnen ze levendig horen en zien alles over het werk van de Here, zodat ze de liefde van de Here en de Vader in grote mate kunnen voelen en voor eeuwig glorie en dank kunnen geven.

4. De glorie van de bewoners van het Nieuwe Jeruzalem

Het Nieuwe Jeruzalem is de mooiste plaats in de hemel, als beloning voor degene die hun harten geheiligd hebben en getrouw zijn geweest in geheel Gods huis. Openbaringen 21:24-26, verteld ons wat voor soort mensen de glorie zullen ontvangen om het Nieuwe Jeruzalem binnen te gaan:

> *En de volken, zullen bij haar licht wandelen, en de koningen der aarde brengen hun heerlijkheid in haar. En haar poorten zullen nooit gesloten worden des daags, want daar zal geen nacht zijn; en de heerlijkheid en de eer der volken zullen in haar gebracht worden.*

De volken zullen bij haar licht wandelen

Hier verwijst "volken" naar alle mensen die gered zijn, ongeacht hun etnische achtergronden. Ondanks dat het burgerschap, rassen en andere eigenschappen van de mensen van persoon tot persoon verschillen, eens ze gered zijn door Jezus Christus, worden zij allen kinderen Gods met het burgerschap van het hemelse koninkrijk.

Daarom, betekent de zin "volken zullen bij haar licht wandelen" dat al Gods kinderen zullen wandelen in het licht van Gods glorie. Niet alle kinderen van God zullen echter de glorie hebben om vrij in de Stad van het Nieuwe Jeruzalem te komen. Dat komt omdat degene die in het Paradijs, het Eerste, Tweede, of Derde Koninkrijk het Nieuwe Jeruzalem enkel binnen kunnen gaan op basis van een uitnodiging. Alleen zij die volkomen geheiligd waren en getrouw geweest zijn in geheel Gods huis, kunnen de eer hebben om God de Vader van aangezicht tot aangezicht te zien in het Nieuwe Jeruzalem voor eeuwig.

De koningen van de aarde zullen hun glorie brengen

De zin "de koningen van de aarde" verwijst naar degene die gebruikt werden als geestelijke leiders op deze aarde. Zij schijnen als de twaalf edelstenen van de twaalf fundamenten van de muren van het Nieuwe Jeruzalem en voldoen aan de vereisten om voor eeuwig in de stad te verblijven. Evenzo, degene die erkent zijn door God, wanneer zij voor Hem staan, zullen offers brengen die zij met hun hele hart hebben voorbereid. Met "offeren" bedoel ik alles waarmee ze glorie gaven aan God met hun harten die rein, helder zijn als kristal.

Daarom betekent, "de koningen van de aarde zullen hun glorie brengen" dat ze alle dingen zullen voorbereiden als offers, dat zij inspannend gewerkt hebben voor Gods koninkrijk en glorie aan Hem gaven, en het Nieuwe Jeruzalem zullen binnen gaan met hen.

De koningen van de aarde geven offers aan koningen van grotere en sterkere landen om hen zo te vleien, maar de offers aan

God worden gegeven uit dankbaarheid dat Hij hen geleid heeft op de weg van redding en eeuwig leven. God ontvangt dit offer met blijdschap en beloont hen met de eer om voor eeuwig te verblijven in de Stad van het Nieuwe Jeruzalem.

In het Nieuwe Jeruzalem, is er geen duisternis, omdat God, die Zelf het licht is, daar verblijft. Daar er geen nacht, kwaad, dood of dieven zijn, is het niet nodig dat de poorten van het Nieuwe Jeruzalem gesloten worden. De reden echter waarom de schrift zegt "des daags" is omdat we enkel een beperkte kennis en capaciteit hebben om de hemel volkomen te begrijpen.

De glorie en de eer brengen van de volken

Wat dan, betekent de zin "zij zullen de glorie en eer van de volken in haar brengen"? "Zij" verwijst naar al degene die redding ontvangen hebben van alle naties van de aarde, en "zij zullen de glorie en eer van de volken in haar brengen" betekent dat deze mensen in het Nieuwe Jeruzalem zullen komen, met de dingen waarmee zij glorie gaven aan God, terwijl ze de geur van Christus verspreid hebben op deze aarde.

Wanneer een kind hard studeert en hij verbeterd, dan zal hij pronken bij zijn ouders. De ouders zullen blij zijn met hem, omdat ze trots zullen zijn op hun kind dat zo hard gewerkt heeft, ook al heeft hij misschien niet de beste cijfers. Evenzo, naar de mate dat wij handelen in geloof voor het koninkrijk van God op deze aarde, geven wij de geuren van Christus weer en geven glorie aan God, en Hij ontvangt het met vreugde.

Het is hierboven al vermeld dat "de koningen van de aarde zullen hun glorie in haar brengen" en de reden waarom er staat "koningen van de aarde" is ten eerste om de geestelijke orde en hiërarchie te laten zien waarin mensen voor God komen. Degene die gekwalificeerd zijn om in het Nieuwe Jeruzalem te verblijven voor eeuwig met de glorie van de zon gelijk, zullen eerst voor God komen, gevolgd door degene die gered zijn van alle volken met respectievelijke glorie. We moeten beseffen dat wanneer wij geen kwalificaties hebben om te leven in het Nieuwe Jeruzalem, we de Stad alleen bij uitzondering kunnen bezoeken.

Degene die het Nieuwe Jeruzalem niet binnen kunnen gaan

De God van liefde wil dat iedereen redding en beloningen ontvangt met een verblijfplaats en hemelse beloningen, overeenkomstig zijn of haar daden. Dat is de reden waarom degene die niet voldoen aan de vereisten om het Nieuwe Jeruzalem binnen te gaan, zullen verblijven in het Eerste, Tweede, of Derde koninkrijk van de Hemel, of het Paradijs, overeenkomstig de mate van hun geloof. God houdt bijzondere feestmalen en nodigt hen ook uit tot het Nieuwe Jeruzalem zodat ook zij mogen genieten van de pracht van de Stad.

Je kan echter ook zien dat er sommige mensen nooit het Nieuwe Jeruzalem binnen zullen gaan, ook al wil God hen genade geven. Namelijk, degene die geen redding ontvangen hebben, zullen nooit de glorie van het Nieuwe Jeruzalem zien.

En in haar zal niets onreins binnenkomen, en niemand, die gruwel en leugen doet, maar alleen, zij, die geschreven zijn in het boek des Levens van het

Lam (Openbaring 21:27).

"Onrein" verwijst hier naar het oordelen en veroordelen van anderen, en iemand die klagend zijn eigen interesse en voordelen zoekt. Dit soort persoon, neemt de plaats van een rechter aan en veroordeeld anderen naar zijn eigen wil, in plaats van hen te begrijpen. "Gruwel" verwijst hier naar al de daden die voortkomen uit een gruwelijk hart op een dubbelzinnige wijze. Daar zulke mensen grillige en wispelturige harten en gedachten hebben, geven zij alleen maar dank als zij antwoord op hun gebeden ontvangen, maar klagen en jammeren snel wanneer ze beproevingen tegenkomen. Evenzo, de mensen met schandelijke harten, misleiden hun geweten en aarzelen niet om hun gedachten te veranderen in het najagen van hun eigen interesses.

Een "leugenachtig" persoon, is iemand die zichzelf en zijn geweten bedriegt, en we moeten weten dat zo'n soort bedrog een val van satan wordt. Er zijn sommige leugenaars die liegen uit gewoonte en anderen die een leugen vertellen ten goede van anderen, maar God wil zelfs dat we afrekenen met dit soort leugens. Er zijn sommige mensen die andere mensen beschadigen door een vals getuigenis tegen hen te geven, en deze soort van personen die anderen bedriegen met een kwade intentie zullen niet gered worden. Bovendien, degene die de Heilige Geest of Gods werk lasteren, worden ook als "leugenachtig" beschouwd. Judas Iskariot, een van de twaalf discipelen van Jezus, was degene die het kasgeld bijhield, en Gods werk bleef lasteren door te stelen van de schat en andere zonden te doen. Toen satan uiteindelijk in hem kwam, verkocht hij Jezus voor dertig zilverstukken en was voor eeuwig verworpen.

Er zijn sommige mensen die zien dat zieke mensen genezen worden en demonen uitgedreven worden door de Heilige Geest in de kracht van God, maar deze werken ontkennen en zeggen dat het de werken van satan zijn. Deze mensen kunnen niet naar de hemel gaan, omdat ze tegen de Heilige Geest gelasterd en gesproken hebben. We zouden in geen enkele omstandigheid mogen liegen in Gods ogen.

De namen uitgewist uit het boek des Levens

Wanneer wij gered worden door geloof, worden onze namen opgenomen in het Boek des Levens van het Lam (Openbaringen 3:5). Dit betekent echter niet, dat iedereen die Jezus Christus aanneemt gered zal zijn. We kunnen eigenlijk alleen maar gered zijn wanneer wij handelen overeenkomstig Gods woord en het hart van de Here krijgen door onze harten te besnijden. Als we nog steeds in leugen handelen, zelfs nadat we Jezus Christus hebben aangenomen, zullen onze namen uit het Boek des Levens gewist worden en tenslotte zelfs geen redding ontvangen.

Hierover, verteld Openbaringen 22:14-15 ons dat degene die hun gewaden gewassen hebben gezegend zijn en degene die hun gewaden niet gewassen hebben zullen niet gered worden:

Zalig zij, die hun gewaden gewassen hebben, opdat zij recht mogen hebben op het geboomte des levens en door de poorten ingaan in de stad. Buiten zijn de honden en de tovenaars, de hoereerders, de moordenaard, de afgodendienaars en ieder, die de leugen liefheeft en doet.

"Honden" verwijst hier naar degene die keer op keer de leugen doen. Degene die zich niet afkeren van hun boze handelingen, maar steeds het kwade blijven herhalen kunnen niet gered worden. Ze zijn als een hond die terugkeert naar zijn braaksel en een zeug die net gewassen is, en terugkeert en omrolt in de modder. Dat komt omdat het lijkt alsof ze het kwade hebben verworpen, maar ze herhalen hun boze wegen, en ze lijken beter te worden, maar worden slechter.

God erkent echter het geloof van degene die er naar streven om goed te handelen, ook al kunnen ze nog niet volkomen leven overeenkomstig Gods woord. Ze zullen uiteindelijk gered worden, omdat ze steeds veranderen en God beschouwt hun inspanning als geloof.

"Tovenaars" verwijst naar "degene die magische praktijken uitoefenen." Ze handelen afschuwelijk, laten anderen valse goden aanbidden. Dit is zeer, zeer afschuwelijk voor God.

"Hoereerders" plegen overspel zelfs als hij / zij een vrouw of man heeft. Er is niet alleen lichamelijk overspel, maar ook geestelijk overspel, welke inhoudt dat je iets anders meer liefhebt dan God. Wanneer een persoon die levendig de levende God ervaart, en Zijn liefde beseft maar zich toch nog naar andere wereldse dingen keert, zoals geld of zijn familie, meer dan dat hij van God houdt, die persoon pleegt geestelijk overspel, en dat is niet recht voor God.

"Moordenaars" plegen lichamelijke of geestelijke moorden. Wanneer je de geestelijke betekenis kent van "moord," zal je waarschijnlijk niet in staat zijn om vrijmoedig te zeggen dat je nooit iemand vermoord hebt. Een geestelijke moord is Gods kinderen tot zonde brengen en hun geestelijke leven laten verliezen (Matteüs 18:7). Wanneer je anderen pijn doet met iets wat tegen de waarheid is, is dat ook geestelijk moord (Matteüs 5:21-22).

Het is ook geestelijke moord om te haten, na-ijverig te zijn, of jaloers, te oordelen, veroordelen, te argumenteren, boos te worden, te bedriegen, liegen, onenigheid hebben, en partijschappen, laster, en zonder liefde en genade zijn (Galaten 5:19-21). Soms, zijn er enkele mensen die echter hun vastigheid verliezen in hun eigen kwaad. Bijvoorbeeld, als ze God verlaten omdat ze teleurgesteld zijn in iemand in de kerk, is dat in hun eigen boosheid. Als ze werkelijk God hadden gelooft, zouden ze nooit hun vastigheid verloren hebben.

Ook "afgodendienaars" is een van dingen die God het meeste haat. In afgoden aanbidding is er lichamelijke afgodenaanbidding en geestelijke afgodenaanbidding. Lichamelijke afgodenaanbidding is een vormloze god maken als een beeld en het aanbidden (Jesaja 46:6-7). Geestelijke afgodenaanbidding is alles wat je meer liefhebt dan God. Wanneer iemand meer van zijn of haar echtgenoot of kinderen houdt dan van God in het najagen van hun eigen verlangens, of Gods geboden verbreken door geld, beroemdheid, of kennis meer lief te hebben dan dat hij / zij van God houdt, is dat geestelijke afgodenaanbidding.

Dit soort mensen, ongeacht hoeveel ze ook mogen uitroepen "Here, Here", en de gemeente bijwonen, kunnen niet gered worden en de hemel binnengaan, omdat zij niet van God houden.

Daarom, als je Jezus Christus aanneemt, de Heilige Geest ontvangt als Gods geschenk, en je naam opgeschreven is in het Boek des Levens van het Lam, houdt dan alstublieft in gedachten dat je enkel de hemel kan binnen gaan en het Nieuwe Jeruzalem kan bereiken, als je handelt overeenkomstig Gods woord.

Het Nieuwe Jeruzalem is de plaats waar enkel degene kunnen binnengaan die volledig geheiligd zijn in hun harten en getrouw zijn in geheel Gods huis. Aan de ene kant, kunnen degene die het Nieuwe Jeruzalem binnengaan, God van aangezicht tot aangezicht ontmoeten, liefelijke gesprekken met de Here hebben en genieten in onbeschrijflijke eer en glorie. Aan de andere kant, degene die in het Paradijs, het Eerste, Tweede, of Derde koninkrijk van de hemel verblijven, kunnen enkel de Stad van het Nieuwe Jeruzalem bezoeken na het ontvangen van een uitnodiging, voor de speciale feestmalen, inclusief degene die door God de Vader gehouden worden.

Hoofdstuk 8

"Ik zag de Heilige stad, het Nieuwe Jeruzalem"

1. Hemelse huizen van onvoorstelbare grote
2. Een prachtig kasteel met volledige privacy
3. Bezichtiging van hemelse plaatsen

Zalig zijt gij, wanneer men u smaadt en vervolgt, en liegende allerlei kwaad van u spreekt, om Mijnentwil. Verblijdt u en verheugt u, want uw loon is groot in de hemelen; want alzo hebben zij de profeten voor u vervolgd.

- Matteüs 5:11-12 -

In de Stad van het Nieuwe Jeruzalem, zijn de hemelse huizen gebouwd, zodat de mensen wiens harten volledig lijken op Gods hart, er later in zullen wonen. Overeenkomstig de smaak van iedere eigenaar, worden ze gebouwd door de aartsengelen en engelen die gaan over de opbouw, met de Here als inspecteur. Dit is een voorrecht waar enkel degenen die het Nieuwe Jeruzalem binnen gaan van kunnen genieten. Soms, geeft God zelf een opdracht aan een aartsengel om een huis te bouwen, speciaal voor een bepaalde persoon, zodat het volledig gemaakt kan worden naar de smaak van de eigenaar. Hij vergeet zelfs niet één traan die Zijn kinderen hebben gehad om Zijn koninkrijk, en beloond hen met mooie en kostbare edelstenen.

Zoals we vinden in Matteüs 11:12, vertelt God ons duidelijk dat de mate waarin we geestelijke gevechten winnen en opgroeien in geloof, we mooiere plaatsen kunnen bezitten in de hemel:

Sinds de dagen van Johannes de Doper tot nu toe breekt het koninkrijk der hemelen zich baan, met geweld en geweldenaars grijpen ernaar.

De liefde van God, heeft ons vele jaren geleid, om krachtig vooruit te gaan naar de hemel, aan ons tonende de hemelse huizen van het Nieuwe Jeruzalem. Dat komt omdat het zeer nabij is voor de Here, die een plaats voor ons aan het voor bereiden is, om terug te komen.

1. Hemelse huizen van onbeschrijfelijke grote

In Het Nieuwe Jeruzalem, zijn er vele mooie huizen van onbeschrijfelijke grotes. Onder hen, is er een mooi en prachtig huis gebouwd op een groot oppervlak. In het centrum is een rond, groot en prachtig drieverdiepingen hoog kasteel, en rondom het kasteel zijn vele gebouwen en dingen om van te genieten of verschillende soorten ritjes in een pretpark om deze plaats te laten lijken op een wereldberoemd toeristen attractie. Wat echt verrassend is, is dat dit aan een stad gelijk hemels huis behoord tot een persoon die hier op aarde opgegroeid is!

Zalig de zachtmoedigen, want zij zullen de aarde beërven

Als we op de aarde, de financiële mogelijkheden hadden, zouden we een groot stuk grond kunnen kopen en een mooi huis kunnen bouwen, zoals wij het willen. In de hemel, echter, kunnen we noch grond kopen noch een huis bouwen, ongeacht de rijkdom die we hebben, omdat God ons het land of huis zal geven overeenkomstig onze daden.

Matteüs 5:5 zegt, *"Zalig de zachtmoedigen, want zij zullen de aarde beërven."* Afhankelijk van de mate waarin we gelijken op de Here en geestelijke zachtmoedigheid bereiken op deze aarde, kunnen we "de aarde beërven" in de hemel. Dat komt omdat iemand die zachtmoedig is, alle mensen kan omarmen, en zij kunnen tot hem komen en rust en troost vinden. Hij is met iedereen in vrede in elke situatie, daar zijn hart zacht en teder is als dons.

Als wij echter een compris sluiten met de wereld, en tegen de waarheid in gaan, om in vrede te zijn met andere mensen, is dit in het geheel geen geestelijke zachtmoedigheid. Iemand die echt zachtmoedig is, kan niet alleen vele mensen omarmen, met een zacht en warm hart, maar is ook moedig en sterk genoeg, om zijn leven te wagen voor de waarheid.

Dit soort persoon kan vele mensen harten winnen en hen leiden tot de weg van redding en naar een betere plaats in de hemel, omdat hij liefde heeft en vriendelijkheid. Dat is de reden waarom hij een groot huis in de hemel bezit. Daarom, het huis welke hieronder beschreven staat behoort tot een echt zachtmoedig persoon.

Een huis gelijk een stad

In het centrum van dit huis is een groot kasteel gedecoreerd met vele edelstenen en goud. Zijn dak is gemaakt van een koepelvormige sardius en schijnt heel stralend. Rondom het stralende, schitterende kasteel stroom de Rivier van het Water des Levens welke zijn oorsprong heeft bij de troon van God, en vele gebouwen laten dit gelijken op een metropolis. Er is ook een pretpark waar je kan rondrijden, gedecoreerd met goud en vele edelstenen.

Aan de andere kant van het uitgestrekte land zijn bossen, vlaktes en een groot meer, en aan de andere kant zijn er reusachtige heuvels met vele soorten bloemen en watervallen. Er is ook een zee waar een groot cruise schip zoals de *Titanic* drijft en rondvaart.

Laat ons nu een rondleiding doen in dit prachtige huis. Er zijn twaalf poorten aan de vier zijden, en laat ons gaan door de

hoofdpoort waarvan we het hoofdkasteel in het midden kunnen zien.
Deze hoofdpoort is versierd met vele edelstenen en bewaakt door twee engelen. Ze zijn mannelijk en lijken heel sterk. Ze staan zonder hun ogen te verdraaien, en hun duidelijke waardigheid maakt dat ze heel ontoegankelijk voorkomen.
Aan beide zijden van de poort staan ronde en mooie, grote pilaren. De muren versierd met vele mooie edelstenen en bloemen lijken eindeloos. Als je de poorten die automatisch open gaan, begeleid door engelen, binnen gaat, kan je van ver het grote kasteel zien met een rood dak welke mooie lichten uitstraalt op jou.
Ook, door te kijken naar de vele huizen van verschillende maten, die gedecoreerd zijn met vele edelstenen, kan je het niet helpen dat je diep bewogen wordt door de liefde van God die je 30, 60, of 100 maal beloond voor wat je gedaan en geofferd hebt. Je bent dankbaar omdat Hij Zijn enige Zoon gegeven heeft om jou te leiden naar de weg van redding en eeuwig leven. Daar bovenop, heeft Hij voor jou ook zo'n mooi hemels huis bereid, en je hart zal overstromen van dankbaarheid en vreugde.
En ook omdat een zacht, duidelijk en mooi geluid van lofprijs gehoord kan worden rondom het kasteel, overweldigd onuitsprekelijke vrede en vreugde je geest en zal je vol zijn van emoties:

> Ver weg in de diepte van mijn geest vanavond
> Klinkt als een melodie zoeter dan een psalm;
> In hemelse melodieën hoor je het steeds klinken
> Over mijn ziel als een oneindige rust.
> Vrede! Vrede! Wonderlijke vrede

Nederdalend van de Vader boven!
Zoet over mijn geest voor eeuwig, bid ik,
In eindeloze golven van liefde.

Gouden wegen zo helder als glas

Laat ons nu naar het grote kasteel gaan, in het centrum, wandelend over de gouden weg. Terwijl je de hoofdingang binnengaat, verwelkomen de bomen van goud en edelstenen met smakelijk edelfruit de bezoekers aan beide zijden van de weg. De bezoekers zouden dan een vrucht kunnen nemen. Het fruit smelt in de mond en is zo verrukkelijk dat het gehele lichaam verkwikt en vreugdevol wordt.

Aan beide zijden van de gouden wegen verwelkomen en begroeten de bloemen van vele kleuren en grotes de bezoekers met hun geuren. Achter hen liggen gouden grasmatten en vele soorten bomen die een mooie tuin aanvullen. Bloemen van mooie regenboogkleuren, lijken alsof ze licht geven, en elke bloem geeft een unieke geur weer. Op sommige van deze bloemen zitten insecten zoals vlinders van regenboogkleuren en praten met elkaar. Aan de bomen hangen smakelijke vruchten onder hun stralende takken en bladeren. Vele soorten vogels met goudkleurige veren zitten in de bomen en zingen om het tafereel zo vredevol en gelukkig te maken. Er zwerven ook andere dieren vredevol rond.

Een wolkenauto en een gouden wagen

Nu sta je aan de tweede poort. Het huis is zo groot dat er

nog een andere poort is binnen de hoofdpoort. Voor je ogen is een groot gebied dat lijkt op een garage waarin vele wolken auto's staan en een gouden wagen geparkeerd is, en je wordt overweldigd door deze ongelofelijke voorstelling.

De gouden wagen, gedecoreerd met grote diamanten en edelstenen, is voor de eigenaar van dit huis. Wanneer de wagen beweegt, straalt het als een vallende ster, vanwege de vele glitterende edelstenen, en de snelheid is veel sneller dan die van de wolkenauto.

Een wolkenauto is omgeven met zuivere witte wolken en mooie lichten van vele kleuren, en heeft vier wielen en vleugels. Het voertuig beweegt met zijn wielen op de grond en wanneer het vliegt, trekken de wielen zich automatisch in, en de vleugels strekken zich uit zodat het vrij kan rijden en vliegen.

Hoe groot zal de autoriteit en eer zijn om naar vele plaatsen in de hemel te reizen, samen met de Here in een wolken auto, begeleid door een hemelse menigte en engelen? Als er een wolkenauto gegeven wordt aan ieder persoon die het Nieuwe Jeruzalem binnengaat, kun jij je dan voorstellen hoeveel de eigenaar van dit huis beloond is, daar er talloze auto's in deze garage staan?

Een groot kasteel in het centrum

Wanneer je aankomt in het grote en mooie kasteel in een wolkenauto, kan je drieverdiepingen hoog gebouw zien met een sardius dak. Dit gebouw is zo immens groot dat het niet vergeleken kan worden met iets van deze aarde. Het lijkt alsof het hele kasteel langzaam draait, stralende lichten uitstraalt, en zulke mooie lichten laten het kasteel er als levend uitzien. Zuiver goud en diamant geven heldere en transparante gouden lichten in blauwachtige kleuren weer. En toch kan je er niet doorheen kijken, en het ziet eruit als een beeldhouwwerk zonder naden. De muren en bloemen rondom deze muren geven mooie geuren om toe te voegen aan de gelukzaligheid en vreugde die niet omschreven kunnen worden met woorden. Bloemen van verschillende maten maken het grote landschap, en hun verschillende vormen en geuren tot een perfecte combinatie.

Wat dan is de specifieke bedoeling dat God voorzien heeft in zo'n oneindig groot stuk land en een groot mooi huis? Dat komt omdat God nooit faalt of vergeet wat Zijn kinderen gedaan hebben voor Zijn koninkrijk en gerechtigheid op deze aarde en beloond hen daar overvloedig voor.

> Ik verheug Mij opnieuw en opnieuw
> In Mijn geliefde.
> Deze hield zoveel van Mij
> Dat hij alles gaf.
> Hij hield meer van Mij dan
> Van zijn ouders en broeders,
> Hij spaarde zijn eigen kinderen niet
> En hij beschouwde zijn leven waardeloos
> En gaf het op voor Mij.
>
> Zijn ogen waren altijd gericht op Mij.
> Hij luisterde volledig naar Mijn woord.
> Hij zocht alleen maar Mijn glorie.

Hij was enkel dankbaar
Ook al moest hij onterecht lijden.
Zelfs te midden van vervolgingen,
Bad hij in liefde voor
degene die hem vervolgden.
Hij verliet nooit iemand
Ook al werd hij verraden door hen.
Hij vervulde zijn plicht met vreugde
Ondanks dat hij ondragelijke zorgen had.
En hij redde vele zielen
En vervulde volledig Mijn wil,
Dragende Mijn hart.

Omdat hij Mijn wil vervulde,
En zoveel van Mij hield,
Heb Ik voor hem dit grote en
Prachtige huis bereid
In het Nieuwe Jeruzalem.

2. Een prachtig kasteel met volledige privacy

Zoals je kan zien, zijn er Gods aanrakingen vooral in de huizen van degene die Hem zo lief hadden. Dus deze huizen zijn verschillend van niveaus van schoonheid en licht van glorie dan de andere huizen zelfs binnen het Nieuwe Jeruzalem.

Het grote kasteel, in het centrum ervan, is een plaats waar de eigenaar kan genieten van volledige privacy. Het is om zijn werken en gebeden in tranen te compenseren die hij had om Gods koninkrijk te volbrengen en het feit dat hij dag en nacht voor de zielen zorgde, zonder van zijn eigen privacy te genieten.

De algemene structuur van zijn kasteel heeft het grote huis in het midden van het kasteel, en het kasteel heeft twee lagen van muren. Er is een toegevoegde muur in het middelste deel tussen het grote huis in het midden en de buitenste muur. Dus het hele kasteel is verdeeld in het binnenste kasteel en het buitenste kasteel, welke van het grote huis tot de midden muur en van de midden muur tot de buitenste muur zijn.

Daarom, om het grote huis van dit kasteel te bereiken, moeten we de hoofdpoort voorbij en dan opnieuw via een andere poort naar de midden muur. Aan de buitenmuur zijn vele poorten, en de poort die in één lijn staat met de voorkant van het grote huis is de hoofdpoort. De hoofdpoort is versierd met verschillende edelstenen en twee engelen bewaken het. De twee engelen hebben mannelijke gezichten en ze zien er heel sterk uit. Ze bewegen zelfs hun ogen niet terwijl ze waken, en we kunnen de waardigheid van hen voelen.

Aan de andere zijde van de hoofdpoort zijn grote cilindervormige pilaren. De muren zijn versierd met edelstenen en bloemen, en ze zijn zo lang dat het einde niet zichtbaar is. Terwijl we begeleid worden door de engelen, gaan we de hoofdpoort, die automatisch opengaat, binnen, en schijnen er stralende, mooie lichten op ons. En er is een gouden weg, die gelijkt op diamant, die zich rechtstreeks uitstrekt naar de hoofdpoort.

Wanneer wij op de gouden straten wandelen, zullen wij de

tweede poort bereiken. Deze poort is gelegen bij de middelste muur die het binnenste kasteel scheidt van het buitenste kasteel. Terwijl we die tweede poort voorbijgaan, is er een plaats die gelijkt op een hele grote parkeerplaats zoals op aarde. Hier, kunnen talloze wolk-gelijke auto's worden geparkeerd. Er is ook de gouden koets tussen de wolk-gelijke auto's.

Het grote huis van dit kasteel is nog groter dan het grootste gebouw op aarde. Het is een gebouw met drie verdiepingen. Elke verdieping van het gebouw is cilindervormig, en het gebied van elke verdieping wordt kleiner wanneer je van de ene verdieping naar de andere verdieping gaat. Het dak gelijkt op een ui-vormige koepel.

De muren van het grote huis zijn gemaakt van zuiver goud en diamant. Dus het blauwachtige licht en de heldere en transparante licht geven zo'n prachtige lichten in harmonie weer. Het licht is zo sterk dat het voelt alsof het huis zelf levend is en beweegt. Het hele gebouw geeft stralende lichten en het lijkt of ze langzaam draaien.

Laat ons nu dit grote kasteel binnengaan!

De twaalf poorten om het grote huis van het kasteel binnen te gaan

Dit grote huis heeft twaalf poorten om binnen te gaan. Omdat de omvang van het grote huis zo groot is, is de afstand van de ene poort naar de andere redelijk ver. De poorten zijn boogvormig, en elk één heeft een gravering van een foto van een sleutel. Onder de foto van de sleutel staat de naam van de poort gegraveerd in het hemelse alfabet. Deze letters zijn gegraveerd met edelstenen, en elke poort is gedecoreerd met één van de respectievelijke edelstenen.

Daaronder staat de uitleg waarom elke poort zo genoemd is. God, de Vader heeft zich geconcentreerd op wat de eigenaar van dit huis gedaan heeft op aarde en het uitgedrukt op de twaalf poorten.

De eerste poort is de "Poort van Redding." Het heeft een uitleg over hoe de eigenaar een herder werd voor zoveel mensen en talloze zielen over de hele wereld geleid heeft tot redding. Naast de Poort van Redding, is de "Poort van het Nieuwe Jeruzalem." Onder de naam van de poort staat de uitleg dat de eigenaar zovele zielen heeft geleid naar het Nieuwe Jeruzalem.

De volgende is de "Poort van Kracht." Ten eerste, zijn er vier poorten voor de vier niveaus van kracht, en dan, zijn er de Poort van Kracht van Schepping en de Poort van de Allerhoogste kracht van Schepping. Op deze poorten staat de uitleg hoe elke soort van kracht zovele mensen genas en God daarmee verheerlijkten.

De negende is de "Poort van Openbaring," en deze poort heeft de uitleg dat de eigenaar zoveel openbaringen ontving en de Bijbel heel duidelijk uitlegde. De tiende is de "Poort van Prestaties." Het is om de prestaties, zoals de bouw van het Grote Heiligdom te herinneren.

De elfde is de "Poort van Gebed." Deze poort vertelt over hoeveel deze eigenaar bad met heel zijn leven naar de volheid van Gods wil, met liefde voor God en hoe hij rouwde en bad voor de zielen.

De twaalfde en laatste is een poort met de betekenis "Winnen tegen de vijand duivel, Satan." Het heeft als uitleg dat de eigenaar alles overwon met geloof en liefde, wanneer de vijand duivel, Satan probeerde om hem te kwetsen en in wanhoop te brengen.

Speciale graveringen en ontwerpen op de muren

De muren gemaakt van zuiver goud en diamant, zijn vol van ontwerpen met weerkaatsende geschriften en tekeningen. Elk detail over de vervolgingen en bespottingen die hij ondergaan heeft voor het Koninkrijk van God, en alle daden waarmee hij de Here verheerlijkte zijn opgenomen. Wat nog verbazingwekkender is, is dat God Zelf deze geschriften in gedichtvorm heeft gegraveerd en de brieven geven een mooi en stralend licht.

Wanneer je het kasteel binnengaat, nadat je door een van deze poorten bent gegaan, zal je voorwerpen zien die veel mooier zijn dan wat je daar buiten gezien hebt. Die van edelstenen overlappen het twee of drie keer zodat hun verschijning prachtig lijkt.

Graveringen over de tranen, inspanningen en pogingen van de eigenaar, zijn ook op de binnenste muur gegraveerd en ze geven zo'n stralend licht. De tijden van zijn ernstige nachtelijke gebeden voor het koninkrijk van God en het zuivere aroma van zichzelf geven als een drinkoffer voor de zielen zijn opgetekend als een gedicht en geven mooie lichten weer.

En toch, heeft God, de Vader de meeste details van de graveringen verborgen, zodat God Zelf het kan tonen aan de eigenaar wanneer deze aankomt op die plaats. Dit is zo, omdat God zijn hart kan ontvangen dat de Vader verheerlijkt met diepe emoties en tranen, wanneer Hij deze geschriften aan hem toont, zeggende tot hem, "Ik heb dit voor jou bereid."

Zelfs in deze wereld, wanneer we iemand liefhebben, schrijven sommige mensen herhaaldelijk de namen van deze persoon. Ze schrijven de naam op in een notitie in hun dagboek, op het strand, of kerven het zelfs in een boom of graveren het in een steen. Ze weten niet hoe ze hun liefde moeten uitdrukken dus ze blijven de naam van de persoon die ze liefhebben maar opschrijven.

Op gelijke wijze, is er een vierkant-vormig gouden bord, met slechts drie woorden erop. De drie woorden zijn: "Vader", "Heer", en "Ik." De eigenaar van het huis kon zijn liefde voor de Vader en de Here niet zomaar uitdrukken met woorden. Het laat zijn hart op die manier zien.

Samenkomsten en feestmalen op de eerste verdieping

Dit kasteel is de meeste tijd niet open voor anderen, maar is met gelegenheden open, wanneer er feestmalen of feesten gehouden worden. Er is een hele grote hal, waarin talloze mensen kunnen vergaderen en feestmalen kunnen hebben. Het wordt ook gebruikt als een ontmoetingsplaats waarin de eigenaar liefde, en vreugde deelt en gesprekken heeft met de gasten.

De hal is rond en zo groot dat het ene uiterste niet van het andere gezien kan worden. De vloer is witkleurig en zeer zacht. Het heeft vele edelstenen en straalt briljant. In het midden van de hal is een kroonluchter van drieniveaus, om toe te voegen aan de waardigheid van de kamer, en er zijn nog meer gouden kroonluchters van verschillende maten aan de zijden van de muren om toe te voegen aan de schoonheid van de hal. Ook, in het midden van de hal is een rond podium, en vele tafels zijn geplaatst in vele lagen, rondom het podium. Degene die uitgenodigd zijn nemen hun plaats in orde en hebben vriendelijke conversaties.

Alle versieringen binnen in het gebouw zijn gemaakt overeenkomstig de smaak van de eigenaar, en hun lichten en vormen zijn zo mooi en delicaat. Elk edelsteen daarin heeft Gods aanraking, en het is zo'n eer om uitgenodigd te worden op dit feestmaal, welke gehouden wordt door de eigenaar van dit huis.

Geheime kamers en receptiekamer op de tweede verdieping

Op de tweede verdieping van dit grote kasteel, zijn er vele kamers en elke kamer heeft een geheim, welke alleen ten volle in de hemel geopenbaard wordt, welke God beloond overeenkomstig de daden van de eigenaar. Een bepaalde kamer heeft talloze kronen van verschillende soorten, zoals een museum maar enkele soorten heeft. Vele kronen inclusief een gouden kroon, een gouden-versierde kroon, een kristallen kroon, een parelen kroon, een kroon versierd met bloemen, en vele andere kronen versierd met vele soorten edelstenen zijn keurig geplaatst. Deze kronen worden gegeven als beloning, elke keer wanneer de eigenaar Gods koninkrijk volbrengt en glorie geeft aan Hem op deze aarde, en hun grote en vormen, en materialen en versieringen zijn allemaal verschillend om de verschillende eer te laten zien. Er zijn ook grote kamers die dienen als kleedkamers voor kleren en de bescherming van de edelsteen ornamenten, en ze worden met speciale zorgen gehandhaafd door engelen.

Er is ook een keurige vierkante kamer zonder vele decoraties, genoemd "de gebedskamer." Het wordt gegeven aan de eigenaar omdat hij veel gebed geofferd heeft op deze aarde. Bovendien is er ook een kamer met verschillende Tv-toestellen. Deze kamer wordt genoemd "de kamer van ondragelijke pijn en rouw" en hierin kan de eigenaar kijken naar alle dingen van zijn aardse leven, wanneer hij maar wil. God heeft elk moment en gebeurtenis bewaard van het leven van de eigenaar, omdat hij enorm geleden heeft, terwijl hij Gods werk en bediening deed en vele tranen heeft gehuild om de zielen.

Er is ook een mooi versierde plaats om profeten te ontvangen op de tweede verdieping, waarin de eigenaar zijn liefde en vriendelijke conversaties met hen kan delen. Hij kan profeten zoals Elia ontmoeten, die naar de hemel ging met een wagen en paarden van vuur, Henoch die met God wandelde gedurende 300 jaar, Abraham die God behaagde door geloof, Mozes, die de nederigste was van de gehele aarde, de voor eeuwig gepassioneerde apostel Paulus, en de rest, en genieten van de gesprekken met hen, over hun leven en hun omstandigheden hier op aarde.

De derde verdieping is gereserveerd om liefde te delen met de Here

De derde verdieping van het grote kasteel is zo wonderlijk versierd om de Here te ontvangen en om zo lang mogelijk liefelijke gesprekken met Hem te hebben. Dit is gegeven omdat de eigenaar de Here liefhad boven alle andere dingen, en geprobeerd heeft om Zijn daden na te doen, zoals beschreven staan in de Vier Evangeliën, en iedereen gediend en heeft liefgehad zoals de Here Zijn discipelen heeft gediend. Bovendien, bad hij met zovele tranen, om talloze zielen tot de weg van redding te brengen, door Gods kracht te ontvangen zoals de Here deed en eigenlijk ontelbare gebeurtenissen liet zien van de levende God. Tranen die stroomden, elke keer wanneer hij aan de Here dacht, en de vele nachten dat hij niet kon slapen, omdat hij de Here zo miste. Net zoals de Here, de hele nacht bad, bad de eigenaar vele keren, hele nachten, en probeerde zijn best te doen om Gods koninkrijk volledig te volbrengen.

Hoe vreugdevol en gelukkig zal hij zijn, wanneer hij de Here van aangezicht tot aangezicht kan ontmoeten, en zijn liefde met Hem kan delen in het Nieuwe Jeruzalem!

Ik kan mijn Heer zien!
Ik kan het licht van Zijn ogen
in de mijne plaatsen,
Ik kan Zijn zachte glimlach in mijn hart plaatsen,
En dit alles is zo'n grote vreugde voor mij.

Mijn Heer,
Ik hou zoveel van U!
U hebt alles gezien
En U weet alles.
Nu, heb ik grote vreugde
Om in staat te zijn om mijn liefde te belijden

Ik hou van U, Heer
Ik heb U zo gemist.

Gesprekken met de Here worden nooit vervelend of vermoeiend.

God, de Vader, die deze liefde ontving, heeft het interieur, de ornamenten, en edelstenen zo mooi versiert op de derde verdieping van dit prachtige huis. De uitwerking en pracht kunnen niet beschreven worden, en het niveau van de lichten is heel bijzonder. Evenzo, kan je de gerechtigheid en liefde van God voelen die jou beloond overeenkomstig jou daden, enkel door rond te kijken naar de huizen van de hemel.

3. Bezichtigingen van hemelse plaatsen

Wat is er nog om het kasteel heen? Wanneer ik zou proberen om deze aan een stad-gelijk huis te beschrijven tot het kleinste detail, zou het meer dan genoeg zijn om er een boek over te schrijven. Rondom het kasteel zijn een grote tuin en vele soorten gebouwen die mooi gedecoreerd zijn, en ze staan in harmonie. Zulke faciliteiten als een zwembad, een pretpark, plattelandshuisjes, en een operahuis maken dit huis tot een groot toeristen attractie.

God beloond alles overeenkomstig iemands daden

De reden dat de eigenaar zo'n huis kan hebben, met zovele faciliteiten is omdat hij toegewijd was met zijn gehele lichaam, denken, tijd en geld voor God op deze aarde. God beloond alles wat hij deed voor het Koninkrijk van God, inclusief het leiden van talloze zielen naar de weg van redding en het bouwen van Gods kerk. God kan veel meer geven dan we vragen, maar ook wat we verlangen in ons hart. We zien dat God in staat is om volmaakter en mooier te ontwerpen dan enige perfecte architect of stadontwerper op de aarde, en laat de eenheid en verschil op dezelfde tijd zien.

Op deze aarde, kunnen we, meestal, alles bezitten wat we willen hebben als we genoeg geld hebben. In de hemel, is dat niet het geval. Een huis om in te wonen, kleding, juwelen, kronen of zelfs dienende engelen kunnen niet gekocht of gehuurd worden, maar worden alleen gegeven overeenkomstig de mate van iemands geloof en zijn getrouwheid aan Gods koninkrijk.

Zoals we zien in Hebreeën 8:5, *"[Deze] verrichten slechts dienst bij een afbeelding en schaduw van het hemelse, blijkens de godsspraak, die Mozes ontving, toen hij de tabernakel zou gereedmaken."* Deze wereld is een schaduw van de hemel en de meeste dieren, planten, en de rest van de natuur worden ook in de hemel gevonden. Ze zijn veel mooier dan die van de aarde.

Laat ons nu de tuinen onderzoeken die gevuld zijn met vele bloemen en planten.

Aanbiddingsplaatsen en het grote heiligdom

Beneden het kasteel in het midden, is er een grote binnentuin, waar vele bloemen en bomen een mooi tafereel scheppen. Aan beide zijden van het kasteel zij grote aanbiddingsplaatsen waarin mensen van tijd tot tijd God kunnen verheerlijken met lofprijs. Dit hemelse huis, welke onvoorstelbaar groot is, is als een beroemd toeristisch attractiepark welke toegerust is met vele faciliteiten, en omdat het heel lang duurt voordat de mensen het hele huis hebben gezien, zijn er aanbiddingsplaatsen waarin ze kunnen rusten.

Aanbidding in de hemel is totaal verschillend van de aanbidding die we hier op aarde gebruiken. We zijn niet gebonden aan formaliteiten, maar we kunnen God verheerlijken met nieuwe liederen. Wanneer we zingen over de glorie van de Vader en de liefde van de Here, zullen we worden verfrist, terwijl we de volheid van de Heilige Geest ontvangen. Dan zullen we diepere emoties in ons hart hebben en zullen we gevuld zijn met dankbaarheid en vreugde.

Naast deze heiligdommen, heeft dit kasteel een gebouw dat precies dezelfde vorm heeft als een bepaald heiligdom dat op aarde heeft bestaan. Terwijl hier op aarde, de eigenaar van dit kasteel de taak had ontvangen van Vader God om een enorm en groot heiligdom te maken, is hetzelfde soort heiligdom ook gebouwd in het Nieuwe Jeruzalem.

Net als David in het Oude Testament, heeft de eigenaar van dit kasteel verlangt naar Gods Tempel. Er zijn vele gebouwen in de wereld, maar er is niet één gebouw dat de waardigheid en glorie van God laat zien. Hij heeft dit feit altijd jammer gevonden.

Hij had zo'n groot verlangen om een heiligdom te bouwen dat alleen maar voor God de Schepper zou zijn. God, de Vader aanvaardde dit verlangend hart en legde hem tot in groot detail de vorm, grote, decoraties, en zelfs interieur van het heiligdom uit. Het was volkomen onmogelijk vanuit menselijke gedachten, maar hij handelde alleen met geloof, hoop en liefde; en uiteindelijk werd het Grote Heiligdom gebouwd.

Dit Grote Heiligdom is niet zomaar een gebouw dat groot en prachtig is. Het zijn de gekristalliseerde tranen van energie van die gelovigen, die God echt liefhebben. Om dit heiligdom te kunnen bouwen, moeten de schatten van de wereld worden gebruikt. Het hart van de koningen van de naties moeten worden aangeraakt. En om dat te doen, wat het meest noodzakelijke was, zijn de krachtige werken van God die elke menselijke verbeelding te boven gaat.

De eigenaar van dit kasteel overwon zulke moeilijke geestelijke oorlogen met zichzelf om dit soort van kracht te ontvangen. Hij geloofde in God, die onmogelijke dingen, mogelijk kan maken met goedheid, liefde en gehoorzaamheid. Hij bad voortdurend en als gevolg, bouwde hij het Grote Heiligdom dat met vreugde door God werd aangenomen.

God, de Vader kende ook al deze feiten, en bouwde een reproductie van dit Grote Heiligdom in het kasteel van deze persoon. Natuurlijk, is het Grote Heiligdom in de Hemel gemaakt met goud en edelstenen die veel mooier zijn dan de materialen van de aarde, ondanks dat de vorm hetzelfde is.

Een zaal voor optredens zoals de Sydney Opera House

In dit kasteel, is er een zaal voor optredens, welke gelijkt op het Opera House van Sydney, Australië. Er is een reden voor God, de Vader om zo'n optredens zaal te bouwen in dit kasteel. Terwijl de eigenaar van dit kasteel op de aarde was, liet hij vele teams die optredens deden het hart van God begrijpen, die een welgevallen heeft in lofprijs. En hij verheerlijkte God, de Vader op grote wijze door mooie en genadevolle Christelijke optredens.

Het waren niet alleen de uiterlijke verschijningen, vaardigheden en technieken. Hij leidde degenen die optraden op een geestelijke weg, zodat ze God konden prijzen met ware liefde vanuit het diepst van hun harten. Hij richtte vele toneelspelers, zangers op die dit soort van lofprijs konden geven aan God zodat God het kon aannemen. Hiervoor bouwde God, de Vader een mooie zaal voor optredens zodat deze toneelspelers, zangers in staat zouden zijn om hun vaardigheden in dit kasteel te laten zien, zoals zij in hun hart verlangden.

Een groot meer strekt zich uit voor dit gebouw, en het lijkt alsof het gebouw op het water drijft. Wanneer de waterfonteinen water spuiten vanuit het meer, zullen de waterdruppels die vallen stralen als edelstenen. De zaal voor optredens heeft een prachtig podium, gedecoreerd met vele soorten edelstenen en heeft ook vele stoelen voor kijkers. Hier, zullen de engelen optreden in hele mooie kostuums.

Deze engelen die optreden zullen dansen in kleren die lichten uitzenden van transparante glanzende juwelen zoals de vleugels van libellen. Elke beweging is volkomen onberispelijk en mooi. Er zijn ook engelen die zingen en muziekinstrumenten bespelen. Ze spelen zo'n mooie en zachte melodieën met kunstige vaardigheden en technieken.

Zelfs al zijn de vaardigheden van de engelen zo goed, de geur van lofprijs en dansen is heel anders dan die van Gods kinderen. Gods kinderen hebben een diepe liefde en dankbaarheid voor God in hun harten. Van het hart dat mooi gemaakt werd door de menselijke ontwikkeling komt de geur vrij dat God de Vader kan aanraken.

Die kinderen van God, die de plicht hebben om God te prijzen op aarde, zullen vele kansen hebben om God te verheerlijken met hun lofprijs in de hemel. Wanneer een lofprijsleider naar het Nieuwe Jeruzalem gaat, kan hij/zij optreden in deze zaal, die gelijkt op het Opera House. En de voorstellingen die in deze zaal plaatsvinden, worden soms live uitgezonden in alle verblijfplaatsen van het Hemelse koninkrijk. Daarom, wanneer je ook maar één keer op dit podium mag staan van deze zaal, zal dat zo'n grote eer zijn.

Een wolkenbrug van regenboog kleuren

De Rivier van het Water des Levens stralend met zilveren lichten, stroomt door het hele kasteel van de Here en de Heilige Geest heen. Het vindt zijn oorsprong van Gods troon en stroomt rondom de kastelen van de Here en de Heilige Geest, het Nieuwe Jeruzalem, het Derde, Tweede, Eerste Koninkrijk van de hemel, het Paradijs, en keert terug naar de troon van God.

Mensen spreken met de vissen van zovele mooie kleuren terwijl ze zitten op gouden en zilveren stranden aan beide zijden van de Rivier van het Water des Levens. Er zijn gouden banken aan beide zijden van de Rivier en rondom deze, zijn er bomen des levens. Zittend op de gouden banken en kijkend naar de smakelijke vruchten, als je alleen maar denkt, "O, deze vruchten zien er zo verrukkelijk uit," zullen de dienende engelen de vruchten brengen in een bloemenmand en ze beleefd aan je

"Ik zag de Heilige stad, het Nieuwe Jeruzalem"

overhandigen.

Er zijn ook mooie, boogvormige wolken bruggen rondom de Rivier, die langzaam onder jou doorstroomt, je voelt je zo geweldig, alsof je aan het vliegen bent in de lucht of over het water wandelt.

Wanneer je de Rivier van het Water des Levens doorkruist, is er een buiten tuin met vele soorten bloemen en een gouden grasmat, en hier voel je je anders dan in de binnen tuin.

Een pretpark en een bloemenweg

Terwijl je de wolkenbrug oversteekt, is er een pretpark die vele soorten ritten heeft, die je nooit eerder gezien, gehoord of, voorgesteld hebt; zelfs de beste pretparken van deze wereld zoals Disneyland, kunnen niet vergeleken worden met dit pretpark. Treinen gemaakt van kristal rijden door het park, een schip met piraten thema, is gemaakt van goud en vele edelstenen, die voor- en achterwaarts rijdt en beweegt, een draaimolen loopt in een vrolijk ritme, en een groot roetsjbaan loopt, en betoverd de rijders. Iedere keer wanneer deze ritjes, versierd met vele edelstenen, bewegen geven ze veelzijdige lichten, en alleen maar erin zijn, overweldigd je met de stemming van het feest.

Aan de ene kant van de buiten tuin, is er een eindeloze bloemenweg, en de gehele weg is bedekt met bloemen, zodat je zelfs over de bloemen zelf kan wandelen. De hemelse lichamen zijn zo licht dat je het gewicht niet kan voelen, en de bloemen niet vertrapt worden, zelfs niet als je over hen heen wandelt. Wanneer je over de brede bloemenweg wandelt, en zulke zachte geuren van de bloemen ruikt, sluiten de bloemen hun bloembladeren, alsof ze verlegen zijn en maken met een wuivend gebaar hun bloembladeren wijdt open. Dit is een bijzonder welkom en begroeting. In sprookjes, hebben bloemen hun eigen gezichten en voeren gesprekken, en zo is het ook in de hemel.

Je zult volledig opgetogen zijn om over de bloemen te wandelen en van hun geur te genieten, en de bloemen zijn gelukkig en geven hun dank aan jou, omdat je over hen wandelt. Wanneer je zacht over hen wandelt, geven ze zelfs nog meer geur vrij. Elke bloem heeft een andere geur en de geuren worden iedere keer anders gemengd, zodat je andere gevoelens hebt, iedere keer wanneer je over ze wandelt. De bloemenwegen zijn hier en daar verspreid, zoals een mooi schilderij, om toe te voegen aan de schoonheid van dit hemelse huis. Evenzo, is iemands huis heel groot en lijkt grenzeloos, en bevat vele soorten faciliteiten.

Een grote vlakte waarop de dieren vredevol spelen

Voorbij de bloemenwegen is een grote, brede vlakte en vele soorten dieren die je hier op aarde kon zien, zijn hier ook. Natuurlijk kan je vele andere dieren in andere plaatsen zien, maar er zijn bijna alle soorten dieren hier, behalve degene die opstonden tegen God, zoals de draken. De voorstelling voor je ogen herinnert je aan de reusachtige Savanne in Afrika, en deze dieren verlaten hun gebieden niet, ondanks dat er geen hekken staan en ze springen vrij rond. Ze zijn groter dan de dieren van deze aarde en hebben duidelijkere kleuren, die stralender schijnen. De wet van de jungle is hier niet van toepassing voor hen.

Alle dieren zijn zacht; zelfs de leeuwen die de koningen van de dieren genoemd worden, zijn helemaal niet agressief, maar zeer zacht en hun gouden pels is zo liefelijk. Ook in de hemel, kan je vrij spreken met de dieren. Stel je voor het genieten van de schoonheid van de grote natuur, wandelend over de grote vlakte, rijdende op leeuwen of olifanten. Dit is niet iets wat je alleen maar in sprookjes terugvindt, maar het voorrecht gegeven aan allen die gered zijn en de hemel bezitten.

Een privé huisje en een gouden stoel om te rusten

Daar het huis van deze persoon lijkt op een groot toeristisch pretpark in de hemel, waar velen van kunnen genieten, geeft God de eigenaar een huisje, speciaal voor eigen gebruik (privé). Dit huisje is geplaatst op een kleine heuvel met een geweldig uitzicht en heeft mooie versieringen. Niet iedereen kan dit huisje binnengaan, omdat het voor privé gebruik is. De eigenaar rust daar zelf of gebruikt het om profeten zoals Elia, Henoch, Abraham en Mozes te ontvangen.

Er is ook nog een ander huisje, gemaakt van kristal, en in tegenstelling tot andere gebouwen is het helder en transparant. En toch kan je de binnenkant niet zien, van buitenaf, en de ingang is onbegrensd. Op het dak van dit kristallen huisje, is er een ronddraaiende gouden stoel. Wanneer de eigenaar daar gaat zitten, kan hij het hele huis zien in één oogwenk boven tijd en ruimte. God heeft het speciaal gemaakt voor de eigenaar, zodat hij de vreugde kan voelen van de vele mensen die zijn huis bezoeken of eenvoudigweg om te rusten.

De Hemel II

Een heuvel van herinnering en een weg van overdenking

De weg van overdenking, waar de bomen des levens staan aan beide zijden, is zo rustig, alsof de tijd gestopt is. Bij elke stap die de eigenaar neemt, komt er vrede vanuit het diepst van zijn hart en herinnert hij zich de dingen van de aarde. Als hij denkt aan de zon, de maan en de sterren, een ronde laag, zoals een scherm wordt boven zijn hoofd geplaatst, en de zon, de maan en de sterren verschijnen. In de hemel, zijn de lichten van de zon, de maan en de sterren niet nodig, omdat de gehele plaats omgeven is met het licht van Gods glorie, maar het scherm is afzonderlijk voor hem voorzien om te denken aan de dingen van deze aarde.

Er is ook een plaats, genaamd de heuvel van herinnering, en het vormt een groot dorp. Daar kan de eigenaar zijn leven op deze aarde weer nagaan, en waar de overblijfsels verzameld zijn. Het huis waarin hij geboren werd, de school waar hij heen ging, de dorpen en steden waar hij gewoond heeft, de plaatsen waar hij moeilijkheden had, de plaats waar hij God voor de eerste keer ontmoette, en de heiligdommen die hij gebouwd heeft, nadat hij een bedienaar werd, zijn hier allemaal in chronologische volgorde opgenomen.

Ondanks dat de materialen opmerkelijk verschillend zijn van degene hier op aarde, zijn de dingen van zijn aardse leven precies gekopieerd, zodat mensen de sporen van zijn aardse leven levendig kunnen voelen. Hoe wonderlijk is Gods vriendelijke en fijngevoelige liefde!

Watervallen en een zee met eilanden

Wanneer je op de weg van overdenkingen blijft wandelen, kan je een luid en helder geluid van ver horen. Het is het geluid van de waterval van zoveel kleuren. Wanneer de waterval verstuivingen verspreidt, schijnen er zulke mooie edelstenen op de bodem van de waterval, als stralende lichten. Dit is zo'n ontzagwekkend beeld om een grote stroom van water te zien die drie verdiepingen laag valt van de top en stroomt naar de Rivier van het Water des levens. Er zijn edelstenen die dubbel- of drievoudige lichten uitstralen aan beide zijden van de waterval, en ze geven zulke verbazingwekkende lichten samen met de verstuiving van water. Je kan de verfrissing en energie voelen, enkel door ernaar te kijken.

Er is ook een tent op de top van de waterval, waar mensen kunnen kijken naar dit prachtige uitzicht of kunnen rusten. Je kan de hemelse huizen helemaal zien, en het uitzicht is zo groot en mooi dat het niet nauwkeurig beschreven kan worden met de woorden van deze aarde.

Er is een grote zee achter het kasteel, en er zijn eilanden van verschillende maten in. Het vlekkeloze en heldere zeewater schijnt alsof er edelstenen op het water gestrooid zijn. Het is ook zo mooi om de vissen te zien zwemmen in de heldere zee, en tot iemands verbazing, zijn er mooie huizen van jade groene kleur gebouwd onder de zee. Op deze aarde, kan zelfs de rijkste mens geen huis onder de zee hebben.

Daar de hemel echter in de vierdimensionale wereld is, waarin alle dingen mogelijk zijn, zijn er talloze dingen die we niet kunnen begrijpen of kunnen voorstellen dat ze bestaan.

De Hemel II

Een gigantisch cruiseschip zoals de Titanic en een kristallen boot

Eilanden in de zee hebben vele soorten wilde bloemen, zingende vogels, en kostbare stenen, om mooie landschappen aan te vullen. Hier worden kano of surf competies gehouden om vele hemelburgers naar toe te trekken. Er is een schip, die lijkt op de *Titanic* op de zachte golven van de zee, en het schip heeft vele soorten faciliteiten zoals zwembaden, theaters, en feestzalen erin. Je bent in het transparante schip wat volledig gemaakt is van kristal, het voelt alsof je over de zee wandelt, en je kan de schoonheid van de zee in een bolvormige onderzeeër zien.

Hoe gelukzalig zal het zijn om in staat te zijn om in een schip zoals de Titanic te zijn, een kristallen boot, of een rugby bolvormige onderzeeër in deze mooie plaats en om daar ook maar één dag door te brengen! Daar de hemel echter een hemelse plaats is, kan je van al deze dingen voor eeuwig genieten, enkel wanneer je voldoet aan de vereisten om het Nieuwe Jeruzalem binnen te gaan.

Vele atletische, recreatie faciliteiten

Er zijn ook atletische en recreatieve faciliteiten zoals golfbanen, bowlingbanen, zwembaden, tennisbanen, volleybalvelden, basketbalvelden, enzovoort. Deze worden gegeven als beloningen omdat de eigenaar had kunnen genieten van deze sporten terwijl hij op aarde was, maar dat niet gedaan heeft, omdat hij al zijn tijd alleen maar wilde gebruiken voor Hem en voor Gods koninkrijk.

"Ik zag de Heilige stad, het Nieuwe Jeruzalem"

In de bowlingbaan, die gemaakt is van goud en edelstenen in een vorm van een bowling kegel, zijn de bowling ballen en de kegels gemaakt van goud en edelstenen. De mensen spelen in groepen van drie tot vijf personen, en ze hebben een fijne tijd samen, en zijn vrolijk. De bal ziet er niet uit alsof hij veel weegt, in tegenstelling tot die van de aarde, dus hij rolt hard over de kegelbaan, ook al geef je het maar een klein duwtje. Wanneer het de kegels raakt, komen er stralende lichten samen met een duidelijk en mooi geluid voort.

Op de golfbaan, gebouwd op een gouden grasveld, het grasveld gaat automatisch liggen voor de bal om te rollen tijdens het spelen. Wanneer het grasveld neerligt als domino's, lijkt het op een gouden golf. In het Nieuwe Jeruzalem, gehoorzaamt zelfs het grasperk het hart van zijn meester. Bovendien, na het putten, komt er een stuk wolk tot voor je voeten en beweegt zijn meester naar een andere baan. Hoe verbazingwekkend en wonderlijk is dit!

Mensen hebben ook veel plezier in het zwembad. Daar niemand verdrinkt in de hemel, zelfs degene die niet konden zwemmen op deze aarde, kunnen natuurlijk zwemmen. Bovendien, doorweekt het water de kleren niet, maar rolt weg zoals dauw van een blad. Mensen kunnen iedere keer van het zwemmen genieten, omdat ze kunnen zwemmen met hun kleren aan.

Meren van vele maten en fonteinen in de tuinen

Er zijn vele meren van verschillende maten in het grote, brede hemelse huis. Terwijl vissen van vele kleuren in de meren zwaaien met hun vinnen, alsof ze dansen om Gods kinderen te behagen, lijkt het alsof ze hun liefde hardop belijden. Je kan ook vissen zien die van kleur veranderen. Een vis die met zijn zilverkleurige vinnen zwaait, kan plotseling zijn kleur veranderen in parelmoerkleur.

Er zijn talloze tuinen en iedere tuin heeft een andere naam, overeenkomstig zijn unieke schoonheid en kenmerken. De schoonheid kan niet effectief worden uitgedrukt, omdat Gods aanraking daar is, zelfs op een blad.

Fonteinen zijn ook verschillend overeenkomstig de kenmerken van iedere tuin. Over 't algemeen, schiet water omhoog, maar er zijn ook fonteinen die vele mooie kleuren of geuren weergeven. Er zijn nieuwe en kostbare geuren die je op aarde niet kan ervaren, zoals de geur van volharding die je kan voelen van een parel, de geur van streven en passie van sardius, en de geur van zelfopoffering of getrouwheid, en veel meer. In het centrum, van de fontein die omhoog schiet, zijn er geschriften en tekeningen, die de betekenis van iedere fontein uitleggen en waarom deze geschapen zijn.

Bovendien zijn er vele andere gebouwen en speciale ruimtes in dat aan een kasteelgelijk huis, maar het is zo jammer dat die faciliteiten niet beschreven kunnen worden tot in detail. Wat belangrijk is, is dat niets gegeven wordt zonder reden, maar alles een beloning is overeenkomstig tot hoeveel iemand gewerkt heeft voor het koninkrijk en de gerechtigheid van God op deze aarde.

Groot is je beloning in de hemel

Je zou onderhand moeten beseffen dat dit hemelse huis veel groter is dan we kunnen voorstellen. Het grote kasteel met volledige privacy is gebouwd in het centrum en er zijn vele andere gebouwen en faciliteiten samen met vele grote tuinen die het omringen; dit huis is als een toeristische plaats in de hemel. Je kan je er zelf waarschijnlijk niet van weerhouden om verrast te zijn daar dit huis onvoorstelbare grote heeft voorbereid door God voor één persoon die opgegroeid is op deze aarde. Wat is dan de reden waarom God een hemels huis bereid heeft die zo groot is als een stad? Laat ons kijken naar Matteüs 5:11-12:

> *Zalig zijt gij, wanneer men u smaadt en vervolgt en liegende allerlei kwaad van u spreekt om Mijnentwil. Verblijdt u en verheugt u, want uw loon is groot in de hemelen; want alzo hebben zij de profeten vóór u vervolgd.*

Hoeveel leed de apostel Paulus om Gods koninkrijk te volbrengen? Hij leed van onuitsprekelijke moeilijkheden en vervolgingen door Jezus, de Redder te verkondigen aan de heidenen. We kunnen zien dat hij hard gewerkt heeft voor het koninkrijk van God, vanaf 2 Korintiërs 11:23. Paulus werd vele keren gevangen genomen, geslagen, of was in doodsgevaar, terwijl hij het evangelie verkondigde.

En toch klaagde Paulus nooit of had wrok, maar verheugde zich en was blij zoals het Woord van God hem beviel. Na alles, werd de deur van de wereldzending geopend voor de heidenen door Paulus. Daarom, ging hij natuurlijk het Nieuwe Jeruzalem binnen en kreeg de eer om te schijnen als de zon in het Nieuwe Jeruzalem.

God houdt heel veel van degene die inspannend gewerkt hebben en getrouw geweest zijn in het opofferen van hun leven, en zegent en beloont hen met zoveel dingen in de hemel.

De Stad van het Nieuwe Jeruzalem is niet bestemd voor een particulier persoon, maar voor iedereen die zijn hart geheiligd heeft om te gelijken op Gods hart en zijn plicht gepassioneerd vervuld heeft, kan daar binnen gaan en wonen.

Ik bid in de naam van de Here Jezus Christus dat je op het hart van God mag gelijken door ernstig te bidden en Gods woord, en je plichten volledig te vervullen om zo binnen te kunnen gaan in het Nieuwe Jeruzalem en tot Hem te belijden in tranen, "Ik ben zo dankbaar voor de grote liefde van de Vader."

Hoofdstuk 9

Het eerste feestmaal in het Nieuwe Jeruzalem

1. Het eerste bruiloftsmaal in het Nieuwe Jeruzalem
2. Profeten op de eerste rij in de hemel
3. Mooie vrouwen in de ogen van God
4. Maria Magdalena, verblijft dicht bij Gods troon

*Wie dan één van de kleinste dezer geboden
ontbindt en de mensen zo leert, zal zeer
klein heten in het Koninkrijk der hemelen;
doch wie ze doet en leert, die zal groot
heten in het Koninkrijk der hemelen.*

- Matheus 5:19 -

De heilige stad het Nieuwe Jeruzalem waar Gods troon staat, en omringt door ontelbare mensen die zijn opgegroeid op deze aarde, verblijven zij die een zuiver en prachtig hart hebben als kristal daar voor eeuwig. Leven in het Nieuwe Jeruzalem met God de Drie-eenheid is vol van ongelooflijke liefde, emoties, vreugde en blijdschap. Mensen verheugen zich in een eindeloze vreugde om de aanbidding diensten en maaltijden te bezoeken, en om hartelijke gesprekken met elkaar te hebben.

Als je een feestmaal bezoekt in het Nieuwe Jeruzalem dat door God de Vader zelf wordt aangericht, kan je amusement zien en liefde delen met een ontelbaar aantal mensen van verschillende verblijfplaatsen in de hemel.

God de Drie-eenheid, die de menselijke groei gedurende lange tijd heeft verzorgd, verheugt zich en voelt zich gelukkig als Hij naar Zijn kinderen kijkt.

De God van liefde heeft me laten zien tot in detail het leven in het Nieuwe Jeruzalem dat vol is met geweldige emoties. De reden dat ik het kwade door het goede kan overwinnen en mijn vijanden kan liefhebben zelfs wanneer ik lijd zonder enige reden is omdat mijn hart vervuld is met de hoop voor het Nieuwe Jeruzalem.

Laat ons nu eens zien hoe gezegend het is om op Gods hart te lijken dat zo helder en mooi is als kristal met een beeld van het eerste bruiloftsmaal dat gehouden wordt in Nieuwe Jeruzalem bijvoorbeeld.

De Hemel II

1. Het eerste feestmaal in het Nieuwe Jeruzalem

Zoals het op aarde is, zijn er diners in de hemel, en door deze kunnen we de vreugdeheel goed begrijpen van het hemelse leven. Dit is omdat er ere plaatsen zijn waar we de rechtvaardigheid en de schoonheid van de hemel in een oogopslag kunnen zien en ervan genieten. Net zoals de mensen op deze aarde zich versieren met de mooiste dingen, eten en drinken en genieten van het beste van een diner dat door de president van het land gehouden wordt, wanneer een diner in de hemel gehouden wordt, is het vol van prachtige dans, gezang en vrolijkheid.

Een prachtig geluid van lofprijs vanuit de zaal.

De bruiloftszaal van het Nieuwe Jeruzalem is zo geweldig groot. Als je de ingang binnen komt en de zaal binnen gaat waarvan je het einde niet kunt zien, wordt er een prachtig hemels geluid toegevoegd aan de sterke emoties die je toch al voelt.

Wonderlijk is het licht
dat er al was voor het begin der tijden
Het bestraalt alles
met dat oorspronkelijke licht
Hij gaf geboorte aan Zijn Zonen
en maakte de engelen

Zijn glorie is hoog
boven de hemel en aarde

en is groots
Prachtig is Zijn gratie
dat Hij alleen uitspreidt.
Hij spreidde Zijn hart uit
En schiep de wereld.
Prijs Zijn grote liefde met fijn gezang
Prijs de Here
Hij die ontvangt de vreugde en ere
Heft Zijn heilige naam
En prijs Hem voor eeuwig
Zijn licht is wonderbaar
En waard om verspreidt te worden.

Het heldere en mooie geluid van de muziek smelt in de geest om opwinding en zo'n vrede te geven, zoals een baby voelt aan de boezem van z'n moeder.

De grote deur van de feestzaal met een witte kleur van juwelen is adembenemend met hemelse bloemen van vele vormen en kleuren en heeft een prachtig patroon. Je kan zien dat God de Vader zelfs zo'n klein ding tot in detail in Zijn liefde voor Zijn kinderen gemaakt heeft in elke hoek van het Nieuwe Jeruzalem.

Door de poort met de witte kleur van edelstenen gaan.

Ontelbare mensen gaan binnen door de prachtige, grote deur van de bruiloftzaal in een optocht, en zij die in het Nieuwe Jeruzalem wonen gaan eerst binnen. Zij dragen gouden kronen die groter zijn dan de kronen van andere verblijfplaatsen en geven zachte en stralende lichten. Mensen dragen naadloze kleren die stralend schijnen en briljant licht geven. Het textiel is zeer licht en zacht als zijde, en het zwaait heen en weer.

Het kleed, welke versierd is met goud of vele soorten edelstenen, hebben schijnende borduursels van edelstenen op de nek en mouwen, en overeenkomstig iemands beloningen zijn de soorten edelstenen en patronen verschillend. De schoonheid en eer van de bewoners van het Nieuwe Jeruzalem zijn volledig anders van die van de bewoners van alle andere verblijfplaatsen van de hemel.

In tegenstelling tot mensen die in het Nieuwe Jeruzalem verblijven, moeten de andere mensen door allerlei processen gaan om deel te nemen aan de feestmalen in het Nieuwe Jeruzalem. Mensen van het Derde, Tweede, en Eerste Koninkrijk van de hemel of van het Paradijs moeten hun kleren veranderen in de speciale kleren van het Nieuwe Jeruzalem. Daar het licht van de hemelse lichamen totaal verschillend is afhankelijk van de verblijfplaats waar mensen vandaan komen, moeten ze de gepaste kleren lenen om de verblijfplaatsen van een hoger niveau dan waarin ze leven binnen te gaan.

Dat is de reden waarom er een afzonderlijke plaats is om van kleren te veranderen. Er zijn zoveel kleren van het Nieuwe Jeruzalem en de engelen helpen de mensen met het verwisselen van kleren. Degene van het Paradijs echter, al zijn het er weinig, moeten hun kleren verwisselen zonder de hulp van engelen. Ze verwisselen hun kleren in die van het Nieuwe Jeruzalem en worden diep geraakt door de glorie van deze kleren. Ze hebben nog steeds spijt dat ze kleren dragen die ze eigenlijk niet echt dragen.

Mensen van het Derde, Tweede, of Eerste Koninkrijk van de Hemel en het Paradijs moeten hun kleren veranderen en de uitnodigingen tonen aan de engelen voordat ze de feestzaal binnen kunnen gaan.

De grote en prachtige feestzaal

Wanneer de engelen je in de feestzaal leiden, kan je het niet helpen om overweldigd te worden door de stralende lichten, de pracht en grootsheid van de feestzaal. De vloer van de zaal straalt met de kleuren van witte edelstenen, zonder spot of vlek, en het heeft zoveel pilaren aan elke kant. De ronde pilaren zijn zo helder als glas en het interieur is versierd met vele soorten edelstenen om deze unieke schoonheid te creëren. Er hangt aan iedere pilaar een ruikertje om toe te voegen aan de stemming en de kwaliteit van het feestmaal.

Hoe gelukzalig en overweldigend zou het zijn als je uitgenodigd werd tot een feestzaal die gemaakt is van wit marmer en stralend glanst als kristal! Hoeveel mooier en gelukzaliger zou de hemelse feestzaal zijn die gemaakt is van zoveel soorten hemelse edelstenen!

Aan de voorkant van de feestzaal van het Nieuwe Jeruzalem, zijn er twee verhogingen die je een plechtig gevoel geven, alsof je vroeger een kroningsceremonie bezocht van een keizer en er aanwezig was. In het midden van het hoogste podium staat een grote troon van witkleurig edelgesteente voor God, de Vader. Aan de rechter zijde van Zijn troon is de troon van de Here en aan de linker zijde is de troon van de eregast van het eerste feestmaal. Deze tronen zijn omringt met stralende lichten en zijn zeer hoog en prachtig. Op het lagere podium, zijn er stoelen geplaatst voor de profeten overeenkomstig de hemelse volgorde

De Hemel II

om de majesteit van God, de Vader weer te geven.
Deze feestzaal is groot genoeg om talloze hemelburgers in uit te nodigen. Aan de ene zijde van de feestzaal, is er een hemels orkest met een aartsengel als dirigent. Dit orkest speelt hemelse muziek om toe te voegen aan de vreugde en gelukzaligheid niet alleen tijdens het feestmaal, maar ook voordat het feestmaal begint.

Gaan zitten onder de leiding van de engelen

Degene die de feestzaal binnen zijn gegaan, worden geleid door de engelen, naar hun voorbestemde stoelen, en mensen van het Nieuwe Jeruzalem zitten vooraan, gevolgd door degene van het Eerste Koninkrijk, het Tweede Koninkrijk, het Derde Koninkrijk en het Paradijs.

Degene die van het Derde Koninkrijk komen, dragen ook kronen, welke totaal anders zijn dan de kronen van het Nieuwe Jeruzalem, en ze moeten een rond merkteken hebben aan de rechterzijde van de kronen om zich te onderscheiden van de mensen van het Nieuwe Jeruzalem. Degene die van het Tweede of Eerste koninkrijk komen moeten een rond merkteken plaatsen aan de linkerkant van de borst zodat ze zich automatisch onderscheiden van de mensen van het derde Koninkrijk of het Nieuwe Jeruzalem. Mensen van het Tweede en Eerste koninkrijk dragen kronen, maar de mensen van het Paradijs hebben geen enkele kroon om te dragen.

Degene die uitgenodigd zijn voor het feestmaal in het Nieuwe Jeruzalem nemen hun zitplaats in en wachten op de binnenkomst van God de Vader, de gastheer van dit feestmaal, met een opwinnend gevoel, verbeterend hun kleren, enzovoort. Wanneer de trompet het geluid geeft als signaal van de binnenkomst van de Vader, staan alle mensen in de feestzaal op om hun gastheer te ontvangen. Op dat moment, kunnen degene die niet uitgenodigd zijn voor het feestmaal, nog deelnemen aan de gebeurtenis door een simultaan uitzendsysteem in hun respectievelijke verblijfplaatsen in de hemel.

De Vader komt de zaal binnen op het geluid van de trompet

Op het geluid van de trompet, zullen de vele aartsengelen die God de Vader begeleiden eerst binnenkomen, en dan volgen Zijn geliefde voorvaders van het geloof. Nu is iedereen en alles klaar om God de Vader te ontvangen. De mensen die naar dit tafereel kijken worden nog vuriger om de Vader en de Here te zien, en richten hun ogen naar voren.

Tenslotte, komt God de Vader binnen met briljante en glorieuze stralende lichten. Zijn verschijning is reusachtig en waardig, maar tegelijkertijd ook vriendelijk en heilig. Zijn mooi golvend haar straalt als goud, en er komen zulke stralende lichten van Zijn aangezicht en lichaam, zodat mensen hun ogen niet op gewone wijze kunnen openen.

Wanneer God, de Vader, op Zijn troon komt, buigen de hemelse menigten en engelen, de profeten die op het podium wachten en alle mensen in de feestzaal hun hoofden om Hem te aanbidden. Het is zo'n eer om God, de Vader, de Schepper en Heerser van alles te zien, in persoon zoals een schepsel. Hoe vreugdevol en emotioneel is dit! Hoe dan ook, niet alle gasten kunnen Hem zien. Mensen van het Paradijs, het Eerste Koninkrijk en het Tweede Koninkrijk kunnen hun hoofd niet optillen vanwege het stralende licht. Ze hebben tranen van vreugde en emotie in dankbaarheid voor het feit dat ze zelfs op dit feestmaal kunnen zijn.

De Here introduceert de eregast

Nadat God de Vader op Zijn troon zit, wordt de Here binnengeleid door een mooie en elegante aartsengel. Hij draagt een grote, en prachtige kroon en een stralende, witte en lange mantel. Hij ziet er waardig uit en is vol van belangrijkheid. De Here buigt voor God, de Vader, eerst uit beleefdheid, ontvangt aanbidding van de engelen, profeten en alle andere mensen, en glimlacht naar hen. God, de Vader die op de troon zit heeft er behagen in om naar alle mensen te kijken die deelnemen aan het feestmaal.

De Here gaat naar een podium en introduceert de eregast van het eerste feestmaal, en verteld alles tot in detail over zijn bediening, die geholpen heeft om de menselijke ontwikkeling te voleindigen. Sommige mensen die aanwezig zijn op het feestmaal vragen zich af wie het is, of degene die het reeds weten, schenken grote aandacht aan de Here, met grote verwachtingen.

Uiteindelijk, beëindigt de Here Zijn opmerkingen door uit te leggen hoe deze man, van God de Vader hield en hoe zeer hij probeerde om vele zielen te winnen, en hoe hij volledig Gods wil volbracht. Dan, staat, God de Vader op die overweldigd is met vreugde om de eregast te verwelkomen van het eerste feestmaal, zoals een vader zijn zoon verwelkomt als hij succesvol thuis komt, of zoals een koning zijn overwinnende generaal ontvangt. In de feestzaal, gevuld met verwachting en opwinding, klinkt het geluid van de trompet nog een keer en dan komt de eregast stralend binnen.

Hij draagt een grote en prachtige kroon en een lange witte mantel, zoals de Here. Hij ziet er ook waardig uit, maar de mensen kunnen zijn vriendelijkheid en genade voelen vanaf zijn gezicht dat gelijkt op Vader, God.

Wanneer de eregast het eerste feestmaal binnenkomt, staan de mensen op en beginnen te juichen met opgeheven handen alsof ze een golf vormen. Ze draaien zich om en verheugen zich met anderen en omhelzen elkaar. Bijvoorbeeld, tijdens de Wereldbeker voetbal finale, wanneer de bal voorbij de doelman gaat om overwinning te brengen, verheugen zich alle mensen van het winnende land die aanwezig zijn of thuis meekijken, juichen, en omhelzen elkaar of geven elkaar de vijf, enzovoort. Evenzo, is de feestzaal in het Nieuwe Jeruzalem vervuld met gejuich en vreugde.

2. Profeten op de eerste rij in de hemel

Wat moeten we nu precies doen om bewoners van het Nieuwe Jeruzalem te zijn en deel te nemen aan dit eerste feestmaal? We moeten niet alleen Jezus Christus aannemen en de Heilige Geest als een gift aan nemen, maar ook de negen vruchten van de Heilige geest dragen en gelijken op het hart van God, welke helder en mooi is als kristal. In de hemel, wordt de stand bepaald naar de mate dat iemand geheiligd is om Gods hart te evenaren.

Dus zelfs na het eerste feestmaal in het Nieuwe Jeruzalem, gaan de mensen overeenkomstig hun hemelse stand binnen wanneer God, de Vader binnenkomt in de zaal. Des te hoger de profeten en andere voorvaders van het geloof staan in een stand des te dichter ze bij de troon van God kunnen staan. Evenzo, daar de hemel geregeerd wordt in de standen op basis van stand, weten we dat we het hart van God moeten evenaren om dicht bij Zijn troon te verblijven.

Laat ons nu kijken naar het soort hart dat helder en mooi is als kristal, zoals het hart van God en hoe we het volledig kunnen evenaren door de levens van de profeten op de eerste rij in de hemel.

Elia werd opgenomen zonder de dood te zien

Van alle mensen die ontwikkeld zijn op de aarde, is hij de hoogste in stand. Door de Bijbel heen kan je zien dat elk aspect van Elia's leven getuigt van de levende God, de enige echte God. Hij was een profeet in de tijd van Koning Achab in het koninkrijk van Noord Israël, waar afgodenaanbidding alom heerste. Hij confronteerde 850 profeten die afgoden aanbaden en riep vuur uit de hemel. Elia bracht ook een hevige regen, na drie-en-eenhalf jaar droogte.

Elia was slechts een mens zoals wij, en hij bad een gebed, dat het niet regenen zou, en het regende niet op het land, drie jaar en zes maanden lang, en hij bad opnieuw, en de hemel gaf regen en de aarde deed haar vrucht uitspruiten (Jakobus 5:17-18).

Bovendien, door Elia, bleef er een handjevol meel over in een pot, en een klein beetje olie in een kruikje totdat de hongersnood voorbij was. Hij wekt de dode zoon op van een weduwe en scheidde de Jordaan Rivier. Tenslotte, werd Elia in een wervelwind opgenomen, in de hemel (2 Koningen 2:11).

Wat dan is de reden, waarom Elia die een mens is net zoals ons, Gods wonderlijk werken en zelfs de dood vermeed. Dat komt omdat het hart wat rein en mooi is als kristal welke God evenaart door vele moeilijkheden door zijn leven. Elia plaatste zijn gehele vertrouwen in God, in elke situatie en gehoorzaamde Hem altijd.

Toen God hem beval, ging de profeet naar Koning Achab, die probeerde om hem te doden en hij proclameerde dat God de enige echte God was voor talloze mensen. Dat is de reden waarom en hoe hij Gods kracht ontving, Zijn krachtige werken toonde, om God op grote wijze te verheerlijken, en zal voor eeuwig eer en glorie genieten.

Henoch wandelde gedurende 300 jaar met God

Wat was dan het geval van Henoch? Zoals Elia, werd Henoch opgetild naar de hemel zonder de dood te zien. Ondanks dat de Bijbel niet veel over hem vermeld, kunnen we toch voelen hoeveel hij geleek op het hart van God.

Toen Henoch vijfenzestig jaar geleefd had, verwekte

hij Metuselach. En Henoch wandelde met God, nadat hij Metuselach verwekt had, driehonderd jaar, en hij verwekte zonen en dochteren. Zo waren al de dagen van Henoch driehonderd vijfenzestig jaar. En Henoch wandelde met God, en hij was niet meer, want God had hem opgenomen (Genesis 5:21-24).

Henoch begon met God te wandelen toen hij 65 jaar was. Hij was zo liefelijk in de ogen van God, omdat hij Gods hart evenaarde. God communiceerde diep met hem, wandelde met hem gedurende 300 jaar, en nam hem op naar de plaats dicht bij God Zelf. Hier, betekent "wandelen met God" dat God met die speciale persoon is in alles, en God was met Henoch waar hij ook heen ging gedurende drie eeuwen.

Als je op reis gaat, met wat voor persoon zou je dan willen gaan? De reis zal plezierig zijn als je er heen gaat met een persoon waarmee je je gedachten kan delen. Evenzo, beseffen we dat Henoch een man was naar Gods hart en dus kon hij wandelen met God.

Daar God in wezen licht, goedheid en liefde is, moeten we geen duisternis in ons vinden om met God te kunnen wandelen, maar overstromende goedheid en liefde hebben. Henoch bewaarde zichzelf heilig ondanks dat hij in een zondige wereld leefde, en bracht Gods wil aan de mensen (Judas 1:14). De Bijbel zegt niet dat hij iets groots deed of een speciale plicht vervulde. En toch, omdat Henoch God vreesde, het kwade vermeed, en een geheiligd leven leefde om in staat te zijn met God te wandelen, nam God hem op en bracht hem sneller dichter bij Zichzelf.

Daarom zegt Hebreeën 11:5 ons, *"Door het geloof is Henoch weggenomen zodat hij de dood niet zag, en hij werd niet meer gevonden, want God had hem weggenomen. Want vóórdat hij werd weggenomen, is van hem getuigd, dat hij Gode welgevallig was geweest."* Evenzo, Henoch die het soort geloof bezat om God te behagen, was gezegend om altijd met God te wandelen, werd opgenomen in de hemel, zonder de dood te zien, en kwam op de tweede rij in de hemel.

Abraham werd een vriend van God genoemd

Wat voor een mooi hart had Abraham, zodat hij een vriend van God genoemd werd en op de derde plaats komt in de hemel?

Abraham vertrouwde God volkomen en gehoorzaamde Hem totaal. Toen hij zijn geboorteplaats verliet op Gods bevel, wist hij zelfs niet waar hij naar toe ging, maar in gehoorzaamheid verliet hij zijn geboorteplaats en economische basis. Bovendien, toen hij de opdracht kreeg om zijn zoon Isaak te offeren, aan wie hij geboorte gaf op een leeftijd van 100 jaar gehoorzaamde hij onmiddellijk.

Noch was Abraham zelfzuchtig. Bijvoorbeeld, toen de bezittingen van zijn neef Lot, en zichzelf zo groot werden dat ze niet meer in staat waren om samen te blijven, liet Abraham Lot eerst beslissen, zeggende, *"Laat er toch geen twist zijn tussen mij en u, en tussen mijn herders en uw herders, want wij zijn mannen broeders. Ligt het gehele land niet voor u open? Scheid u toch van mij af; hetzij naar links, dan ga ik rechts, hetzij naar rechts, dan ga ik links"* (Genesis 13:8-9).

Op een gegeven moment, verenigden vele koningen zich sen

vielen Sodom en Gomorra binnen en pakten alle goederen en eten alsook het levensonderhoud van zijn neef Lot, die in Sodom woonde. Toen nam Abraham 318 mannen die geboren en getraind waren in zijn gezin, achtervolgde de koningen en bracht de gestolen goederen en eten terug. Sodom wilde iets geven van de teruggebracht goederen als een teken van dankbaarheid, maar hij weigerde het. Abraham deed het om te bewijzen dat zijn zegeningen enkel van God kwamen. Evenzo gehoorzaamde Abraham in geloof tot Gods glorie met een hart dat zuiver en mooi is als kristal. Dat is de reden waarom God hem overvloedig zegende op deze aarde als ook in de hemel.

Mozes, de leider van de Exodus

Wat soort van hart had Mozes, de leider van de Exodus, dat hij op de vierde plaats komt in de hemel? Numeri 12:3 zegt ons, *"Mozes nu was een zeer zachtmoedig man, meer dan enig mens op de aardbodem."*

In Judas is een tafereel waarin de aartsengel Michael redetwist met de duivel over het lichaam van Mozes, dat kwam omdat Mozes voldeed aan de vereisten om naar de hemel te gaan zonder de dood te zien. Toen Mozes de prins van Egypte was, doodde hij eens een Egyptenaar, die een Hebreeër sloeg. Vanwege dit veroordeelde de duivel dat Mozes de dood gezien had.

En toch redetwistte Michael tegen de duivel, zeggende dat Mozes alle zonde en kwaad verwijderd had en hij voldeed aan de vereisten om opgenomen te worden. In Matteüs 17, lezen we dat Mozes en Elia neerdaalden uit de hemel en een gesprek hadden met Jezus. Vanuit deze feiten kunnen we gevolg trekken over wat er gebeurde met het lichaam van Mozes.

Mozes moest weg gaan van het paleis van de Farao, omdat hij iemand vermoord had. Daarna zorgde hij gedurende 40 jaren voor schapen in de woestijn. Door de moeilijkheden in de woestijn, verwierp Mozes alle trots, verlangens, en zijn eigen gerechtigheid die hij had als een prins in het paleis van Farao. Enkel daarna gaf God hem de opdracht om de Israëlieten uit Egypte te leiden.

Mozes nu, die iemand vermoorde en wegvluchtte, moest opnieuw terug gaan naar de Farao en de Israëlieten uit Egypte leiden, waar ze 400 jaar slaven waren geweest. Dit leek onmogelijk voor het menselijke denken, maar Mozes gehoorzaamde God en ging voor Farao. Niet iedereen kon de leider zijn die miljoenen Israëlieten uit Egypte kon leiden naar het land Kanaän. Dat is de reden waarom God eerst Mozes gedurende 40 jaren verfijnde in de woestijn en Hij maakte hem tot een groot vat die alle Israëlieten kon omarmen en weerstaan. Op deze wijze, werd Mozes een persoon die kon gehoorzamen tot de dood door de moeilijkheden en de plicht kon vervullen om de Exodus te leiden. We kunnen gemakkelijk zien hoe groot Mozes van de Bijbel was.

Toen keerde Mozes tot de HERE terug en zeide: "Ach, dit volk heeft een grote zonde begaan, want zij hebben zich een gouden god gemaakt. Maar nu, vergeef toch hun zonde – en zo niet, delg mij dan uit het boek dat Gij geschreven hebt" (Exodus 32:31-32).

Mozes wist dat het uitwissen van zijn naam van het boek van

de HERE niet slechts lichamelijke dood betekende. Terwijl hij goed wist dat degene wiens namen niet geschreven zijn in het Boek des Levens in het vuur van de hel gegooid zullen worden – de eeuwige dood – en voor eeuwig zullen lijden, was Mozes gewillig om de eeuwige dood te nemen voor de vergeving van de zonden van het volk.

Wat zou God gevoeld hebben toen Hij naar Mozes keek? God had zo'n welgevallen in hem, omdat hij volledig Gods hart begreep die de zonde haat en toch de zondaren wil redden; God antwoordde zijn gebed. God beschouwde Mozes alleen nog maar waardevoller dan alle Israëlieten, omdat Hij het hart had wat recht was in Gods ogen en zo zuiver en helder was als het water des levens welke zijn oorsprong vindt bij Zijn troon.

Als er diamanten zijn zo groot als een boon zonder enige vlek, en honderden die zo groot zijn als een vuist, welke zou jij als het meest waardevol beschouwen? Niemand zou een stuk diamant omruilen voor gewone stenen.

Daarom was het beseffen van het feit dat de waarde van Mozes, veel groter was dan dat alle mensen van Israël konden bereiken, zouden wij een hart moeten bereiken dat zo zuiver en mooi is als kristal.

Paulus, de Apostel voor de heidenen

De vijfde in de hemelse rij, is de apostel Paulus, die zijn leven toewijdde aan het evangeliseren onder de heidenen. Ondanks dat hij getrouw was in Gods koninkrijk, zelfs tot de dood, met zoveel passie, had hij toch spijt tot op zekere hoogte dat hij eens de gelovigen in Jezus Christus had vervolgd, voordat hij de Here had aangenomen. Dat is de reden waarom hij beleed in 1 Korintiërs 15:9, *"Want ik ben de geringste der apostelen, niet waard een apostel te heten, omdat ik de gemeente Gods vervolgd heb."*

Daar hij echter zo'n goed vat was, koos God hem, verfijnde hem en gebruikte hem als de apostel voor de heidenen. Vanaf 2 Korintiërs 11:23 en verder, legt hij tot in detail uit de vele moeilijkheden die hij leed terwijl hij het evangelie verkondigde, en we kunnen zelfs zien dat hij zoveel wanhoop leed voor zijn leven. Hij werd gegeseld, en vele malen gevangen gezet. Vijf keer ontving hij van de joden, de veertig min een slagen; drie keer werd hij geslagen met stokken; hij leed drie keer schipbreuk; hij werd eenmaal gestenigd, hij bracht een nacht en een dag door in volle zee; hij was vaak zonder slaap; hij heeft honger en dorst gekend en is vaak zonder voedsel gegaan; hij heeft het koud gehad en is naakt geweest (2 Korintiërs 11:23-27).

Paulus leed zoveel dat hij in 1 Korintiërs 4:9 beleed, *"Want het schijnt mij toe, dat God ons, apostelen, de laatste plaats heeft aangewezen als ten dode gedoemden, want wij zijn een schouwspel geworden voor de wereld, voor engelen en mensen."*

Waarom dan, stond God zoveel moeilijkheden en vervolgingen toe aan Paulus, die getrouw was, zelfs tot de dood? God had Paulus kunnen beschermen van alle moeilijkheden, maar Hij wilde dat Paulus een hart zou hebben zo zuiver en mooi als kristal, door al deze moeilijkheden heen. Na dit alles, kon de Apostel Paulus alleen troost en vreugde vinden in God, zichzelf volledig verloochenen, en de perfecte vorm van Christus hebben. Nu kon hij belijden in 2 Korintiërs 11:28, *"Afgezien van de dingen, die er verder nog zijn, mijn dagelijkse beslommering, de zorg voor al de gemeenten."* Hij beleed ook in Romeinen 9:3, *"Want zelf zou ik wel wensen van Christus verbannen te zijn ten behoeve van mijn broeders, mijn verwanten naar het vlees."* Paulus die dit soort hart had zo zuiver en mooi als kristal, kon niet alleen het Nieuwe Jeruzalem binnen gaan, maar ook dicht bij de troon van God verblijven.

3. Mooie vrouwen in de ogen van God

We hebben al een kijkje genomen naar het eerste feestmaal van het Nieuwe Jeruzalem. Wanneer God de Vader de zaal binnenkomt, komt er een vrouw na Hem. Ze is aanwezig met God de Vader, in een wit kleed dat bijna de grond aanraakt, en is getooid met vele edelstenen. De vrouw is Maria Magdalena. Kijkend naar de omstandigheden van die tijd, waarin de openbare rollen van de vrouwen beperkt waren, kon ze niet zoveel doen om Gods Koninkrijk te volbrengen, maar omdat ze zo'n mooie vrouw was in Gods ogen, kon ze de meest gerespecteerde plaats in de hemel binnengaan.

Net zoals er rangen zijn onder profeten overeenkomstig de mate dat zij op Gods hart geleken, hebben ook vrouwen in de hemel een rang overeenkomstig de mate waarop zijn erkend en geliefd zijn door God.

Wat voor soort leven hadden deze vrouwen om erkent en geliefd te worden door God en mensen van eer te worden in de hemel?

Maria Magdalena ontmoette als eerste haar opgestane Heer

De vrouw die het meest geliefd is door God is Maria Magdalena. Gedurende een lange periode was ze gebonden door de machten der duisternis en ontving minachting en verachting van anderen en leed aan verschillende ziektes. Op een van die moeilijke dagen, hoorde ze het nieuws over Jezus, bereidde een duur parfum voor en ging naar Hem toe. Ze had gehoord dat Jezus naar het huis van een Farizeeër was gekomen en ging er heen, maar ze durfde niet voor Hem te komen, ondanks dat ze zo verlangde om Hem te ontmoeten. Ze ging achter Hem staan, maakte Zijn voeten nat met haar tranen, droogde ze met haar haren, en brak het vat en goot het parfum over Hem. Ze werd verlost van haar pijn van ziektes, door deze handeling van geloof, en ze was heel dankbaar. Vanaf dat moment hield ze zoveel van Jezus, volgde Hem overal waar Hij ging, en werd zo'n mooie vrouw, die haar gehele leven toewijdde aan Hem (Lucas 8:1-3).

Ze volgde Jezus, zelfs toen Hij werd gekruisigd en Zijn laatste adem gaf, ondanks dat ze wist dat alleen haar tegenwoordigheid haar het leven kon kosten. Maria, ging voorbij het niveau van terug betalen voor de genade die ze ontvangen had, maar volgde Jezus, en wijdde alles toe, inclusief haar leven.

Maria Magdalena, die zoveel van Jezus hield, was de eerste persoon die de Here ontmoette na Zijn opstanding. Ze werd de grootste vrouw in de geschiedenis van de mensheid, omdat ze zo'n goed hart had en mooie daden deed, die zelfs God konden aanraken.

De Hemel II

De maagd Maria werd gezegend door Jezus te baren

De tweede onder de meest mooie vrouwen in Gods ogen is de Maagd Maria, die gezegend was om Jezus te baren, die de Redder van de gehele mensheid werd. Ongeveer 2000 jaar geleden, moest Jezus in het vlees komen om alle mensen te verlossen van hun zonden. Om dit te vervullen, was er een aangewezen vrouw nodig in Gods ogen en Maria, die in die tijd verloofd was met Jozef, werd uitgekozen. God liet haar van te voren weten door een aartsengel Gabriel dat ze zwanger zou worden van Jezus door de Heilige Geest. Maria, liet geen enkele menselijke gedachten toe, maar beleed moedig haar geloof, *"Zie, de dienstmaagd des Heren; mij geschiede naar uw woord"* (Lucas 1:38).

Wanneer een maagd in die tijd zwanger werd, werd ze niet alleen openlijk ten schande gezet, maar werd ze ook gestenigd overeenkomstig de Wet van Mozes. Ze geloofde echter diep in haar hart, dat niets onmogelijk was voor God en vroeg om te doen zoals gezegd was. Ze had een goed hart, genoeg om Gods woord te gehoorzamen, ook al kon het haar leven kosten. Hoe gelukkig en dankbaar zal ze geweest zijn toen ze eerst Jezus baarde of terwijl ze toekeek hoe Hij opgroeide in de kracht van God! Het was zo'n zegening die gebeurde aan Maria, een zuiver schepsel.

Dat is de reden waarom ze zo gelukkig was, door eenvoudigweg naar Jezus te kijken, en ze diende Hem en hield van Hem, meer dan van haar eigen leven. Op deze wijze, werd de Maagd Maria overvloedig gezegend door God en ontving de eeuwige glorie na Maria Magdalena, onder alle vrouwen in de hemel.

Ester vreesde niets om Gods wil te vervullen

Ester, die haar volk moedig redde met geloof en liefde, werd een mooie vrouw in Gods ogen en bereikte de meest geëerde positie in de hemel. Nadat de Koning van Perzië Xerxes de Koninklijke positie wegnam van koningin Wasti, werd Ester uitgekozen onder de vele mooie vrouwen en werd de koningin, ondanks dat ze en jodin was. Ze werd geliefd door de koning en vele mensen omdat ze niet probeerde zichzelf te tonen noch trots was, maar zichzelf bekleedde met reinheid en elegantie ondanks dat ze heel mooi was.

Ondertussen, terwijl ze in een Koninklijke positie was, gingen de Joden een grote crisis tegemoet. Haman, de Agatiet, die de gunst van de koning had, werd kwaad toen een Jood, genaamd, Mordekai niet voor hem neerknielde of hem eer betoonde. Dus, vormde hij een complot om alle Joden in Perzië te vernietigen, en ontving de toestemming van de koning om dit te doen.

Ester vastte gedurende drie dagen voor haar volk en besliste om voor de koning te gaan (Ester 4:16) Overeenkomstig de Perzische wet in die tijd, wanneer iemand voor de koning ging zonder dat hij geroepen was, moest, hij of zij gedood worden, behalve wanneer de koning zijn gouden scepter uitstrekte naar die persoon. Na haar drie dagen van vasten, steunde Ester op God en ging voor de koning met haar besluit, *"Kom ik om, dan kom ik om."* Als gevolg van Gods tussenkomst, werd Haman, die het complot had opgesteld, zelf gedood. Ester redde niet alleen haar volk, maar werd des te meer geliefd door haar koning.

Evenzo, werd Ester erkend als een mooie vrouw en bereikte de glorieuze positie in de hemel, omdat ze sterk in de waarheid was en voldoende moed had, om haar eigen leven op te geven als dat betekende om Gods wil te volgen.

Ruth had een mooi en goed hart

Laat ons nu even kijken naar het leven van Ruth, die erkent is in Gods ogen als een mooie vrouw en een van de grootste vrouwen in de hemel geworden is. Wat voor soort hart en daden had zij om God te behagen en gezegend te worden?

Ruth, de Moabitische trouwde met een Israëliet, wiens familie verhuisd was naar Moab, vanwege een hongersnood, maar spoedig haar echtgenoot verloor. Alle mannen in haar gezin stierven vroeg, dus ze bleef leven bij haar schoonmoeder Naomi en haar schoonzuster Orpah. Naomi, bezorgd om hun toekomst, stelde haar twee schoondochters voor om terug te keren naar hun eigen families. Orpah verliet Naomi in tranen, maar Ruth bleef, en maakte de volgende emotionele belijdenis:

> *Dring er bij mij niet op aan, dat ik u in de steek zou laten, door van u terug te keren; want waar gij zult heengaan, zal ik heengaan, en waar gij zult vernachten, zal ik vernachten: uw volk is mijn volk en uw God is mijn God; waar gij zult sterven, zal ik sterven, en daar zal ik begraven worden. Zo moge de HERE mij doen, ja nog erger: voorwaar, de dood alleen zal scheiding maken tussen mij en u.*

Daar Ruth dit soort van mooi hart had, dacht ze nooit aan haar eigen voordeel, maar volgde enkel de goedheid, ook al kon het haar schade brengen, en ze vervulde getrouw haar plicht om haar schoonmoeder te dienen met blijdschap.

Ruths daad van het dienen van haar schoonmoeder was zo mooi dat het hele dorp wist van Ruths trouw en haar liefde. Uiteindelijk, met de hulp van haar schoonmoeder, trouwde ze met een man genaamd Boaz, een losser. En ze gaf geboorte aan een zoon, en werd de overgrootmoeder van Koning David (Ruth 4:13-17). Bovendien, werd Ruth gezegend om voor te komen in de stamboom van Jezus, ondanks dat ze een Heidense vrouw was (Matteus 1:5-6), en werd een van de mooiste vrouwen in de hemel, naast Ester.

4. Maria Magdalena, verblijft dicht bij Gods troon

Wat, dan is de reden, waarom God ons laat zien over het eerste feestmaal van het Nieuwe Jeruzalem, en de volgorde van de profeten en de vrouwen? De God van liefde, wil niet alleen dat alle mensen redding ontvangen, en het koninkrijk van de hemel bereiken, maar ook Zijn hart evenaren, zodat ze dicht bij Zijn troon mogen verblijven, in het Nieuwe Jeruzalem.

Voor ons, om zo'n eer te ontvangen om dicht bij de troon van God te verblijven in het Nieuwe Jeruzalem, moet ons hart lijken op Zijn hart dat zo helder en mooi is als kristal. We moeten het mooie hart bereiken zoals de twaalf fundamenten van de muren van de Stad van het Nieuwe Jeruzalem.

Daarom, gaan we dieper kijken naar het leven van Maria Magdalena, die God, de Vader dient, verblijvende dicht bij Zijn troon. Terwijl ik bad voor de "lezingen over het Evangelie van Johannes" kwam ik een groot detail te weten over het leven van Maria Magdalena, door de inspiratie van de Heilige Geest. God openbaarde mij, uit welk soort familie Maria Magdalena voortkwam, hoe ze leefde, en hoe gelukkig haar leven werd nadat ze Jezus, onze redder had ontmoet. Ik hoop dat je haar mooie en goede hart volgt, om de schuld van alles op haar te nemen en haar levengevende liefde voor de Here, zodat ook jij de eer mag hebben om dicht bij Gods troon te verblijven.

Ze werd geboren in een gezin die afgoden aanbaden

Ze werd "Maria Magdalena" genoemd, omdat ze geboren werd in een dorp, genaamd "Magdalena" welke vol was van afgodenaanbidding. Haar familie was geen uitzondering; een vloek had haar familie getroffen voor vele generaties, mede door de ernstige afgodenaanbidding, en er waren vele problemen.

Maria Magdalena, die geboren werd in een ernstige geestelijke situatie, kon niet normaal eten vanwege darmaandoening. Ook, omdat ze de meeste tijd, lichamelijk zwak was, was haar lichaam toegankelijk voor allerlei soorten ziekten. Bovendien, stopte haar menstruatie op een jonge leeftijd en verloor ze dus een belangrijke functie als een vrouw. Dat is de reden waarom ze altijd thuis bleef en zichzelf vernederde alsof ze niet aanwezig was. Ondanks dat ze echter geminacht werd en koud behandeld werd, zelfs door haar familieleden, had ze nooit een aanklacht tegen hen. In plaats daarvan, begreep ze hen en probeerde een bron van kracht te zijn voor hen, en nam de schuld op zichzelf. Toen ze besefte dat ze geen kracht meer kon voorzien voor haar familieleden, maar enkel een last voor hen werd, verliet ze haar familie. Dit kwam niet voort uit haat, of afschuw voor hun mishandeling, maar enkel omdat ze geen last wilde zijn voor hen.

Ze probeerde haar best te doen, en alle schuld op zich te nemen

Ondertussen ontmoette ze een man en probeerde op hem te leunen, maar hij was zo'n slechte man. Hij probeerde niet om zijn gezin te onderhouden, maar gokte in plaats daarvan. Hij vroeg Maria Magdalena om meer geld binnen te brengen, schreeuwde vaak tegen haar en sloeg haar.

Maria Magdalena begon te naaien en zocht naar een standvastigere bron van inkomen. Omdat ze nog steeds lichamelijk zwak was, en de hele dag werkte, werd ze zelfs nog zwakker, zodat ze zelfs op iemand moest leunen om zichzelf voort te bewegen. Ondanks dat de man echter onderhouden werd door haar, was hij haar niet dankbaar, maar verachtte haar en haalde haar naar beneden. Maria Magdalena, haatte hem niet, maar vond het enkel spijtig dat ze geen grotere hulp kon bieden aan deze man, vanwege haar zwakke lichaam, en beschouwde al zijn mishandelingen als aanvaardbaar.

Terwijl ze in zo'n wanhopige toestand was, verlaten door haar ouders, broeders, en de man, hoorde ze goed nieuws. Ze hoorde nieuws over Jezus, die wonderlijke wonderen verrichtte, zoals blinden ziende maken, en de stomme laten spreken. Toen Maria Magdalena deze dingen hoorde, had ze geen enkele twijfel over de wonderen en tekenen die Jezus deed, omdat haar hart goed was. In plaats daarvan had ze geloof dat haar zwakheid en ziekte

zouden genezen wanneer ze Jezus ontmoette.
Ze verlangde er zo naar om Jezus te ontmoeten met geloof. Uiteindelijk hoorde ze dat Jezus in haar dorp gekomen was en verbleef in het huis van de Farizeeër genaamd Simon.

Parfum gieten in geloof

Marie Magdalena was zo gelukkig dat ze parfum kocht met het geld wat ze gespaard had van haar naaiwerk. Wat door haar emoties heengegaan is toen ze Jezus ontmoette kan niet nauwkeurig beschreven worden.

Mensen probeerden haar tegen te houden van het naderen tot Jezus, vanwege haar vuile kleren, maar niemand kon eigenlijk haar passie tegenhouden. Ongeacht de scherpe blikken van de mensen, ging Maria Magdalena voor Jezus en huilde onophoudelijk, toen ze de vriendelijke figuur van Jezus zag.

Ze durfde niet voor Jezus te gaan staan, dus ze ging achter Hem staan. Toen ze aan Zijn voeten was, huilde ze nog meer en maakte Zijn voeten nat. Ze droogde Zijn voeten met haar haren, en brak de kruik met parfum om over Zijn voeten te laten stromen, omdat Hij zo kostbaar voor haar was.

Daar Maria Magdalena, met zo'n ernst voor Jezus kwam, werd ze niet alleen van haar zonden vergeven, om de redding te bereiken, maar er vond ook een wonderlijke genezing plaats in haar inwendige ziekten en ook haar huid ziekte. Al haar lichaamsdelen begonnen weer normaal te functioneren, en ze kreeg opnieuw haar menstruatie. Haar gezicht wat er zo vreselijk uitzag door de vele ziekten, werd gevuld met vreugde en geluk, en haar lichaam wat zwak was geweest, werd totaal gezond. Ze vond haar waarde als vrouw terug, en was niet langer gebonden door de machten der duisternis.

Jezus volgen tot het einde

Maria Magdalena, ervoer iets meer dan alleen genezing, waar ze dankbaarder voor was. Het was het feit dat ze een persoon had ontmoet die haar overstromende liefde gaf, die ze nooit eerder van iemand ontvangen had. Vanaf toen, wijdde ze al haar tijd en passie toe aan Jezus met zoveel vreugde en dankbaarheid. Omdat haar gezondheid hersteld was, kon ze Jezus financieel ondersteunen met haar naaiwerk of andere werken, en volgde Hem met haar hele hart.

Maria Magdalena volgde Jezus niet alleen toen Hij wonderen en tekenen deed, en het leven van velen veranderde door de vele krachtige boodschappen, maar was ook met Hem toen Hij leed onder de Romeinse soldaten en het kruis nam. Zelfs toen Jezus aan het kruis werd genageld, was zij daar. Ondanks het feit dat haar tegenwoordigheid zelfs haar dood kon betekenen, ging Maria Magdalena naar Golgotha, en volgde Jezus die Zijn kruis droeg.

Wat zou ze gevoeld hebben terwijl Jezus, die ze zo liefhad, leed en zoveel pijn had en al Zijn water en bloed vergoot?

Here wat zal ik doen,
Wat zal ik doen?
Here, hoe kan Ik leven?
Hoe kan leven zonder U, Here?

...

Als ik enkel het bloed maar kon nemen
Dat U vergiet,
Als ik enkel de pijn maar kon nemen
Die U lijdt.

...

Here,
Ik kan niet leven zonder U.
Ik kan niet leven
Tenzij ik bij U ben.

Maria Magdalena keerde haar ogen niet van Jezus af, totdat Hij Zijn laatste adem gaf, en probeerde om de glans van Zijn ogen en Zijn gezicht te bewaren diep in haar hart. Bovendien, keek ze naar Jezus tot Zijn laatste ogenblik, en volgde Jozef van Arimatea, die het lichaam van Jezus in een graf legde.

Getuige van de opgestane Heer bij de dageraad

Maria Magdalena wachtte totdat de Sabbat voorbij was, en tijdens de dageraad van de eerste dag na de sabbat, ging ze naar het graf om parfum aan te brengen op het lichaam van Jezus. Ze kon echter Zijn lichaam niet vinden. Ze was diep bedroefd en huilde daar, en de opgestane Heer verscheen aan haar. Dit is hoe ze de eer ontving om de opgestane Heer als eerste te ontmoeten.

Zelfs nadat Jezus gestorven was aan het kruis, kon ze dit feit niet geloven. Jezus was haar alles en ze hield zoveel van Hem. Hoe gelukkig zal ze geweest zijn toen ze de opgestane Heer ontmoette in zo'n ontzettende situatie! Ze kon haar tranen niet stoppen in zo'n sterke emotie. Ze herkende de Here eerst niet, maar toen Hij haar riep "Maria" met een zachte stem, kon ze Hem herkennen. In Johannes 20:17, vertelt de Opgestane Heer aan haar, *"Houd Mij niet vast, want Ik ben nog niet opgevaren naar de Vader; maar ga naar mijn broeders en zeg hun: 'Ik vaar op naar mijn Vader en uw Vader, naar mijn God en uw God.'"* Omdat de Here ook zoveel van Maria Magdalena hield, toonde Hij Zichzelf eerst aan haar voordat Hij de Vader zou ontmoeten na Zijn opstanding.

Het nieuws brengen over de opgestane Jezus

Kan jij je voorstellen hoe overweldigend gelukkig Maria Magdalena moet geweest zijn, toen ze de opgestane Heer ontmoette, die ze zo lief had? Ze beleed dat ze voor eeuwig bij de Here wilde blijven. De Here kende haar hart, maar legde haar uit, dat ze nu nog niet bij Hem kon blijven en Hij gaf haar een opdracht. Ze moest het nieuws brengen over Zijn opstanding aan de discipelen, omdat hun gedachten rust en troost nodig hadden na de schok van Jezus' kruisiging.

In Johannes 20:18 zien we dat *"Maria van Magdala ging heen en boodschapte de discipelen, dat zij de Here had gezien en dat Hij haar dit gezegd had."* Het feit dat Maria Magdalena, als eerste, getuige was van de opstanding van de Here en het nieuws overbracht aan de discipelen was geen toeval. Het was het resultaat van al haar toewijding en dienst aan de Here met de gepassioneerde liefde voor Hem.

Als Pilatus gevraagd had of iemand in Jezus' plaats gekruisigd wilde worden, had zij de eerste geweest om "ja" te zeggen en naar voren te komen; Maria Magdalena hield veel meer van Jezus dan van haar eigen leven en diende Hem met volledige toewijding.

De eer om God, de Vader te dienen

God had zo'n behagen in Maria Magdalena, die zo goed van hart was, zonder enig kwaad, en had volkomen geestelijke liefde. Maria Magdalena hield van Jezus met een onveranderlijke en echte liefde, daar ze Hem eens ontmoette. God, de Vader die de goede en liefelijke geur van haar hart rook, wilde haar dicht bij Zich plaatsen. Dat is de reden, waarom Hij Maria Magdalena toestond, toen de tijd aanbrak, om de glorie te bereiken om Hem te dienen, en zelfs Zijn troon aan te raken.

Wat God de Vader het meeste wil is om echte kinderen te verkrijgen met wie Hij echte liefde kan delen voor eeuwig. Dat is de reden waarom Hij de menselijke ontwikkeling gepland heeft, Zichzelf gevormd heeft in de Drie-eenheid, en gewacht en weerstaan heeft voor een zeer, zeer lange tijd, met de mensheid op deze aarde.

Nu, de verblijfplaatsen in de hemel allemaal klaar zijn, zal de Here in de wolken verschijnen, en het bruiloftsmaal vieren met Zijn bruiden. Dan zal Hij hen laten heersen met Hem gedurende duizend jaar en hen leiden naar de hemelse verblijfplaatsen. Wij zullen met God, de Drie-eenheid leven in uiterste blijdschap en gelukzaligheid, voor eeuwig in de hemel, welke rein, zuiver en mooi als kristal is, en gevuld is met Gods glorie. Hoe gelukzalig zal het zijn om het Nieuwe Jeruzalem binnen te gaan, daar we God kunnen ontmoeten van aangezicht tot aangezicht en bij Hem kunnen verblijven, voor eeuwig!

Tweeduizend jaar geleden, vroeg Jezus, *"Doch, als de Zoon des mensen komt, zal Hij dan het geloof vinden op aarde?"* (Lucas 18:8) Het is heel moeilijk vandaag de dag om echt geloof te vinden.

De apostel Paulus, die de zending leidde van de verkondiging van het evangelie onder de heidenen, schreef een brief vlak voordat hij stierf aan Timoteüs, zijn geestelijke zoon, die zelf leed onder de afvallige scheidingen en vervolgingen tegen de christenen.

Ik betuig u nadrukkelijk voor God en Christus Jezus, die levenden en doden zal oordelen, met beroep zowel op zijn verschijning als op zijn koningschap: verkondig het woord, dring erop aan, gelegen of ongelegen, wederleg, bestraf en bemoedig met alle lankmoedigheid en onderrichting. Want er komt een tijd, dat (de mensen) de gezonde leer niet (meer) zullen verdragen, maar omdat hun gehoor verwend is, naar hun eigen begeerte zich (tal van) leraars zullen bijeenhalen, dat zij hun oor van de waarheid zullen afkeren en zich naar de verdichtsels keren. Blijf gij echter nuchter onder alles, aanvaard het lijden, doe het werk van een evangelist, verricht uw dienst ten volle. Want wat mij aangaat, reeds word

> *ik als plengoffer geofferd en het tijdstip van mijn verscheiden staat voor de deur. Ik heb de goede strijd gestreden, ik heb mijn loop ten einde gebracht, ik heb het geloof behouden; voorts ligt voor mij gereed de krans der rechtvaardigheid, welke te dien dage de Here, de rechtvaardige rechter, mij zal geven, doch niet alleen mij, maar ook allen, die zijn verschijning hebben liefgehad* (2 Timoteus 4:1-8).

Als je hoopt op de hemel, en verlangt naar de verschijning van de Here, moet je proberen te leven overeenkomstig Gods woord en de goede strijd strijden. De Apostel Paulus verheugde zich te allen tijde ondanks dat hij zoveel leed terwijl hij het goede nieuws verkondigde.

Daarom moeten wij onze harten ook heiligen, en onze plichten vervullen, meer dan dat God van ons verwacht dat we doen, zodat we voor eeuwig echte liefde kunnen delen en dicht bij Gods troon kunnen verblijven.

> *"Mijn Heer,*
> *wie komt er*
> *op de wolken van glorie,*
> *Ik verlang naar de dag*
> *Dat U mij omarmen zal!*
> *Bij Uw glorieuze troon,*
> *Voor eeuwig zullen we de liefde delen*
> *Welke we op aarde niet konden delen*
> *En samen het verleden kunnen herinneren.*
> *O! Ik zal naar het hemelse koninkrijk gaan*

*Dansend
Wanneer de Here mij roept!
O, het hemelse koninkrijk!"*

De auteur:
Dr Jaerock Lee

Dr. Jaerock Lee werd geboren in Muan, Provincie Jeonnam, Republiek van Korea, in 1943. In zijn twintiger jaren, leed Dr. Lee aan verschillende ongeneeslijke ziektes gedurende zeven jaar en wachtte op zijn dood zonder enige hoop op herstel. Op een dag in de lente van 1974, echter, werd hij naar een kerk geleid door zijn zuster en toen hij neerknielde om te bidden, genas de levende God hem onmiddellijk van al zijn ziektes.

Vanaf die tijd, ontmoette Dr. Lee de levende God door deze wonderlijke ervaring, hij heeft God lief met zijn hele hart en in oprechtheid, en in 1978 werd hij geroepen om een dienstknecht van God te zijn. Hij bad vurig zodat hij duidelijk de wil van God kon begrijpen en deze volledig te vervullen en alle woorden van God te gehoorzamen. In 1982, richtte hij de Manmin Kerk op in Seoul, Zuid-Korea, en ontelbare werken van God, inclusief wonderlijke wonderen van genezing en tekenen, hebben plaats gevonden in zijn kerk.

In 1986, werd Dr. Lee aangesteld als een voorganger in de jaarlijkse vergadering van Jezus' Sungkyul Gemeente van Korea, en 4 jaar later in 1990, werden zijn boodschappen uitgezonden in Australië, Rusland, de Filippijnen en nog meer landen door het Verre Oosten Televisie Bedrijf, het Televisie Bedrijf Azië, en het Washington Christelijke Radio Systeem.

Drie jaar later in 1993, werd de Manmin Centrale kerk uitgekozen tot een van de "werelds top 50 kerken" door het *Christian World* magazine (US) en hij ontving een Ere doctoraat van Godgeleerdheid van het Christian Faith College, Florida, USA, en in 1996 een Dr. in de Bediening van Kingsway Theologische Seminarium, Iowa, USA.

Sinds 1993, heeft Dr. Lee de leiding genomen in de wereld zending door vele overzeese campagnes in Tanzania, Argentinië, L.A., Oeganda, Japan, Pakistan, Kenia, de Filippijnen, Honduras, India, Rusland, Duitsland, Peru, Democratisch Republiek van Kongo, en Israël en Estonia.

In 2002 werd hij een "wereldwijde opwekkingsprediker" genoemd door een groot Christelijk Nieuwsblad in Korea, vanwege zijn krachtige bedieningen tijdens buitenslands campagnes. Vooral, zijn "New York campagne in 2006" welke gehouden werd in de Madison Square Garden, de beroemdste arena ter wereld, werd uitgezonden in meer dan 220 naties, en zijn 'Israel Verenigde Campagne in 2009' welke gehouden werd in het International Convention Center in Jeruzalem, waar hij vrijmoedig Jezus Christus verkondigde als de Messias en Redder. Zijn boodschap werd uitgezonden in 176 landen via satelliet inclusief GCN TV en hij stond op de Top 10 lijst als zijnde een van de meest invloedrijke Christelijke leiders van 2009 en 2010, door een bekend Russisch Christelijke magazine *In Victory* en nieuwe bureau *Christian Telegraph* voor zijn krachtige TV uitzendingen en buitenlandse kerk-en pastorbediening.

Vanaf april 2017, is de Manmin Central Church een gemeente met meer dan 120,000 leden en 11,000 binnenlandse en buitenlandse aftakkingen van de kerk over de hele wereld, inclusief 56 binnenlandse dochtergemeenten, en heeft meer dan 102 zendelingen uitgezonden naar 23 landen, inclusief de Verenigde Staten, Rusland, Duitsland, Canada, Japan, China, Frankrijk, India, Kenia, en veel meer.

Tot de datum van deze publicatie, heeft Dr. Lee 107 boeken geschreven, inclusief bestsellers als *Het Eeuwige Leven Smaken voor de Dood, Mijn Leven, Mijn Geloof I & II, De Boodschap van Het Kruis, De Mate van Geloof, De Hemel I & II, De Hel*, en *De Kracht van God*, en zijn werken zijn vertaald in meer dan 76 talen.

Zijn christelijke columns verschijnen in *The Hankook Ilbo, The JoongAng Daily, The Dong-A Ilbo, The Chosun Ilbo, The Seoul Shinmun, The Kyunghyang Shinmun, The Korea Economic Daily, The Korea Herald, The Shisa News,* en *The Christian Press.*

Dr. Lee is tegenwoordig oprichter en president van een aantal zendingsorganisaties en verenigingen: evenals voorzitter, De Verenigde Heiligheid Kerk of Jezus Christus; Blijvend President, Van de Wereld Christelijke Opwekkingsvereniging; Oprichter en bestuursvoorzitter, Wereld Christelijke Netwerk (GCN); Oprichter en Bestuursvoorzitter, De Wereld Christen Doktors Netwerk (WCDN); en Oprichter en Bestuursvoorzitter, Manmin Internationale Seminarium (MIS).

Andere krachtige boeken van dezelfde auteur

De Hemel I

Een gedetailleerde weergave van de prachtige leefomgeving waar de hemelburgers van zullen genieten en een mooie beschrijving van de verschillende niveaus van hemelse koninkrijken.

De Boodschap van Het Kruis

Een krachtige boodschap voor alle mensen om degene wakker te maken die geestelijk slapen! In dit boek kan je de reden vinden waarom Jezus de enige Redder is en de ware liefde van God.

De Hel

Een ernstige boodschap voor de gehele mensheid van God, die wenst dat niet een ziel valt in de diepten van de hel! U zult ontdekken de nooit-eerder-geopenbaarde weergave van de wrede realiteit van het Onder Graf en de Hel.

Geest, Ziel en Lichaam I & II

Een gids welke ons geestelijk begrip geeft van geest, ziel en lichaam en ons helpt om te ontdekken wat voor soort "zelf" wij hebben gemaakt, zodat wij de kracht kunnen verkrijgen om de duisternis te vernietigen en een geestelijk persoon kunnen worden.

De Mate van Geloof

Wat voor soort verblijfplaats, kroon en beloningen zijn er voor u voorbereid in de hemel? Dit boek is voorzien van wijsheid en leiding om uw geloof te meten en te ontwikkelen tot het beste en meest volwassen geloof.

Maak Israël Wakker

Waarom heeft God Zijn ogen over Israël bewaard vanaf de grondlegging der wereld tot op vandaag? Welke voorziening heeft Hij voorbereid voor Israël in deze laatste dagen, die op de Messias wacht?

Mijn Geloof, Mijn Leven I & II

Een zeer welriekende geestelijke geur onttrokken uit het leven dat bloeide met een onmetelijke liefde voor God, te midden van de donkere golven, koud juk en de diepste wanhoop.

De Kracht van God

Een boek wat gelezen moet worden, welke dient tot een noodzakelijke handleiding waardoor iemand echt geloof kan bezitten en de wonderlijke kracht van God kan ervaren.

www.urimbooks.com

www.ingramcontent.com/pod-product-compliance
Lightning Source LLC
LaVergne TN
LVHW012012060526
838201LV00061B/4273